VERONICA OLIVEIRA

NÃO BASTA EMPREENDER

TEM QUE ENTENDER DE PESSOAS.

3 passos para você crescer no seu negócio

PESSOAS | VENDAS | PROCESSOS

Editora Anjo

COPYRIGHT © 2023/JUNHO
NÃO BASTA EMPREENDER
TEM QUE ENTENDER DE PESSOAS
AUTOR: VERONICA OLIVEIRA
PROJETO EDITORIAL COMPLETO / EDITOR: ANDRESA STIPP
EDITOR: NORBERTO A ANJO
REVISÃO: CLÁUDIA RAZZANTE
DIAGRAMAÇÃO: EDITORA ANJO | VLADIMIR RIZZETTO
IMPRESSÃO - GRUPO EDITORIAL - EDITORA ANJO
WWW.EDITORAANJO.COM.BR
INSTAGRAM:@EDITORAANJO

NÃO BASTA EMPREENDER
TEM QUE ENTENDER DE PESSOAS
AUTOR: VERONICA OLIVEIRA
1ª EDIÇÃO - SÃO PAULO
EDITORA ANJO
160 PGS - ORELHAS / TIPO PAPEL
CATEGORIA: LUXO
GÊNERO: LITERATURA BRASILEIRA – CDD - B869

ISBN 978-65-88718-79-7 NÃO BASTA EMPREENDER
TEM QUE ENTENDER DE PESSOAS

Sumário

Prefácio de Bruno Avelar

É com grande satisfação e honra que escrevo este prefácio para Veronica Oliveira, empresária e mentoranda, que conta a sua história de inspiração e sucesso, se tornando uma verdadeira prova de determinação, paixão e perseverança.

Veronica iniciou sua jornada empreendedora com um sonho modesto e apenas trinta dólares em mãos, o valor dos ingredientes para as primeiras tapiocas recheadas que ela fez para vender aos amigos e conhecidos. O que deveria ser uma experiência temporária rapidamente se transformou em uma carreira próspera e um negócio sólido.

Esta empresária nordestina conquistou o mercado americano com sua marca "Tapioca da Baiana". Hoje, essa marca está presente em mais de cem pontos de venda em cinco estados americanos, oferecendo tapiocas livres de glúten, açúcar e conservantes. Além disso, suas tapiocas são veganas e prontas para consumo em apenas dois minutos.

Veronica não apenas criou um produto saboroso e saudável, mas também conquistou o coração dos consumidores com sua dedicação e qualidade excepcionais.

A jornada de Veronica é um exemplo notável de superação. Antes de se tornar uma empresária de sucesso, ela trabalhava como faxineira nos Estados Unidos, lutando para conquistar seus sonhos e objetivos. Sua paixão pela culinária sempre foi evidente, e foi essa paixão que a impulsionou a criar seu próprio negócio de tapiocas.

Ao longo dos anos, Veronica enfrentou desafios e obstácu-los, mas nunca perdeu de vista seus objetivos. Sua determinação incansável e espírito empreendedor a levaram a transformar uma ideia simples em um negócio altamente rentável. Hoje, ela emprega dezenas de pessoas, fornecendo oportunidades de trabalho e impactando positivamente a comunidade ao seu redor.

Veronica Oliveira é uma verdadeira inspiração para todos que desejam alcançar seus sonhos. Sua história é um lembrete poderoso de que, com determinação, coragem e paixão, qualquer obstáculo pode ser superado. Ela é um exemplo vivo de que começar do zero e construir algo grandioso é possível.

Espero que as palavras de Veronica inspirem você a perseguir seus sonhos com fervor e acreditar que tudo é possível. Este é o momento de acreditar em si mesmo, abraçar desafios e seguir em frente, assim como Veronica Oliveira fez.

Bruno Avelar

Introdução

Quando eu olho para trás e vejo tudo o que aconteceu em minha vida para que eu chegasse até aqui, vejo que não existem limites para quem sonha, batalha e coloca tudo nas mãos de Deus. Hoje, moro na região de Boston, a quatro horas de Nova York. Quando comecei a planejar morar nos Estados Unidos, em 2009, as minhas chances de que tudo desse certo eram as menores possíveis. Eu não tinha nada a meu favor a não ser uma grande vontade de ser reconhecida pelo meu trabalho. A única certeza era de que precisava de um lugar que realmente me desse uma chance. Porque eu não deixaria essa chance escapar. Hoje, tenho um restaurante de comida brasileira e fábrica de tapioca, Tapioca da Baiana, cujo produto distribuo de norte a sul e de leste a oeste dos Estados Unidos inteiro.

Este livro, na verdade, foi construído ao longo dos anos da minha história. Nestas páginas, você vai saber como eu me libertei das amarras que me impediam de ser feliz e de viver plenamente todo o meu potencial. Quando eu comecei a me apaixonar de novo pela vida, tive uma clareza maior de que o céu é o limite quando você está bem e quando está com Deus. Ele me mostrou o que me realiza na minha vida profissional.

Você vai saber como foi que, de fato, a minha vida fluiu e eu comecei a ser uma pessoa feliz, uma pessoa completa. Vai entender como eu comecei a empreender e me estabeleci como uma empresária e, mais do que isso, como uma especialista em gente. Porque eu aprendi que, para crescer e prosperar, você precisa, em primeiro lugar, ter garra e dar o seu melhor. Segundo: cuidar das pessoas ao seu redor, cuidar de quem trabalha com você e constrói com você. Nunca foi fácil, mas eu aprendi que nunca há limites quando trilhamos nossa vida no bem e nos colocamos a serviço do próximo. Nestas páginas conto como você– como gestor, gestora– pode mudar o seu ambiente do trabalho para muito melhor. Você vai entender como ter uma empresa diferenciada internamente, não só na qualidade, mas com pessoas que fazem a diferença.

Como liderar com eficiência? Como ser uma líder de referência? Como ter a melhor equipe? Foi quando eu me aprofundei em treinamentos, pesquisas, em mentorias, em consultorias que fui descobrindo que as pessoas estão muito mais interessadas em trabalhar com você, por quem você é. Elas precisam acreditar em você, acreditar nos seus sonhos, trazer os seus sonhos para a vida delas.

Quando você passa a entender isso, vai se apaixonando cada vez mais pelo ser humano, pelas pessoas. Você deixa de ter uma visão de que ter uma equipe é o maior problema do mundo, de que as pessoas são difíceis e não confiáveis e passa a acreditar em tudo de bom que as pessoas têm. Abandona a ideia de "vou trabalhar sozinho" e vê como pode ser maravilhoso ter gente com você.

Deus tem compromisso com pessoas – não tem compromisso com coisas. Ele permite você ter acesso às recompensas materiais por meio do seu trabalho. E você precisa ter o comprometimento de impactar as pessoas, melhorar a vida delas de alguma forma, estar a serviço do próximo. Para Deus, sempre vão ser as pessoas em primeiro lugar. Deus é apaixonado por pessoas. Por isso, quando alguém fala que o ser humano não presta, está dizendo que Deus é mentiroso, que o Senhor fez algo imperfeito. E Deus não faz nada imperfeito.

Claro que existem pessoas que não querem mudar, que querem continuar na vidinha delas ali, e está tudo certo. Nós temos o livre arbítrio. Mas essas pessoas representam uma porcentagem muito baixa se comparadas àquelas que querem de fato tocar suas vidas, fazer as coisas acontecerem e servir. Se eu cheguei aonde cheguei foi porque as pessoas me deram suporte. Sozinha, eu jamais conseguiria. Sempre fui uma pessoa trabalhadora, honesta, mas eu só cresci quando eu tive pessoas trabalhando comigo. Então, isso é fato. Ninguém cresce sozinho. Você sempre vai precisar de pessoas e quando alguém diz que elas não servem para nada, está amaldiçoando, está indo contra aquilo que foi a melhor criação de Deus.

Hoje, o direcionamento da minha vida vem da palavra de Deus, e eu entendo que, mesmo que a gente passe por situações difíceis, Ele sempre nos permite suportar, superar e vencer. Ainda que você tenha que viver algumas coisas que muitas pessoas não aguentariam passar, você pode curar a sua vida, a vida de outras pessoas e vencer através da sua dor.

Espero que esta leitura inspire você a superar seus desafios, persistir, vencer, querer sempre mais e a levar as pessoas junto com você. Porque a vitória está garantida para quem tem fé na vida, no ser humano, que é a maior obra do Criador, e no grandioso plano que Deus tem para cada um de nós.

Com carinho,
Verô
Boston, outono de 2022

"Lugar de obediência é
quando obedecemos a Deus
pela fé"
tapioca
da
baiana

CAPÍTULO 1

Em busca do meu lugar

Nasci na roça, no interior da Bahia, na cidade de Caraíbas, que fica a oitenta quilômetros de distância de Vitória da Conquista. Sou a filha mais nova de oito irmãos, a caçula. Tive uma infância muito simples, minha casa era de chão de terra batida e eu dormia em colchão de junco, que é um tipo de palha. Meus pais costuravam dois lençóis para formar um grande saco e recheavam com essa palha – era o que a gente tinha de mais confortável para dormir. Mesmo tendo uma vida bem simples e limitada de recursos, éramos uma família muito limpa, muito unida e meus pais cuidavam muito bem dos filhos. Nosso sustento vinha da terra, do que meus pais plantavam: feijão, arroz, milho, mandioca, vegetais. Por ser a filha mais nova, tive alguns privilégios. Eu não trabalhava na roça, ficava em casa. Minha função era limpar o quintal e cuidar das panelas que minha mãe já colocava para cozinhar no fogão de lenha, às 5h da manhã. Aquilo ficava até

11h cozinhando. Depois, a gente montava as marmitas e levava para quem estava trabalhando na roça.

Ali perto de casa, havia uma escola onde todas as crianças da região estudavam. Fui alfabetizada lá. A gente não tinha televisão, só tinha rádio. As roupas eram poucas. Lembro de um vestido de festa que minha mãe costurou. Se alguém ia casar, usava aquele vestido. Aniversário de alguém? O mesmo vestido. Minhas roupas do dia a dia eu nem lembro como eram. Como minhas irmãs são bem mais velhas do que eu, quando os meus sobrinhos nasceram eu ganhei quatro sobrinhos da mesma idade que eu. Cresci com eles e não posso reclamar dessa fase, porque tive uma infância incrível, de brincar no rio, caçar passarinho, pescar... era uma vida boa.

Cresci tendo um bom pai. Eu tenho muitas boas lembranças do meu pai, que já faleceu, não tenho absolutamente nada a reclamar da criação que ele me deu. Já minha mãe sempre foi mais dura e mais fechada, mas era o jeito dela. Sempre fui bem-educada pelos dois. Até que o casamento deles entrou em crise. Os dois tinham um relacionamento muito violento e até, muito agressivo, muitas brigas. A história acabou com uma separação. Eu era muito criança ainda, tinha apenas 11 anos, e foi horrível para mim. Ao mesmo tempo em que eu achava bom não haver mais as brigas, eu tinha um sentimento de tristeza e não sabia muito lidar com isso. Depois que eles terminaram o casamento, mantiveram um bom relacionamento, separados.

Fui embora com a minha mãe. Fomos morar em Belo Campo, numa casa, com a minha irmã e os meus sobrinhos. A gente tinha um bom relacionamento, os meus sobrinhos eram da mesma idade que eu. Até então, eu nunca tinha tomado um iogurte na vida, meu primeiro tênis eu tive com 12 anos. Coisas da cidade. Minha mãe continuou sua luta diária, trabalhando na roça, lavando roupa nas casas das pessoas, tinha uma renda modesta.

Minha vida seguiu, assim, sem perspectiva, até que, quando fiquei mais velha, decidi procurar emprego. Arrumei uma vaga em uma loja de cosméticos, a Casa do Cabeleireiro, em Vitória da Conquista. Trabalhei nessa loja alguns meses, até que uma das minhas irmãs, que morava em São Paulo e trabalhava como doméstica, me ligou contando que no prédio que ela trabalhava havia uma família precisando de babá. Na verdade, estava precisando de duas babás, porque havia nascido gêmeos. Eles queriam uma babá que trabalhasse no período do dia, outra que trabalhasse à noite e que as duas revezassem aos finais de semana. O salário na época, final de 2003, início de 2004, era equivalente a R$ 1 mil, um valor muito bom, incrível para aquela época e para a minha realidade. Eu ganhava só R$ 200 por mês, na Bahia. Agarrei a oportunidade e me mudei para São Paulo. Meu plano, no entanto, não era apenas trabalhar como babá. Eu queria mais. E planejei tudo. Queria aproveitar a minha temporada em São Paulo para estudar alguma coisa relacionada à área de saúde, pois sabia que a Bahia era muito carente nesse setor. Sabia também que estavam começando a construir um hospital na minha cidade e, em algum momento, precisariam de gente para trabalhar nele. Quando eu tivesse algum certificado, algum diploma, eu poderia voltar e ir trabalhar lá.

Essa família tinha um apartamento no Morumbi e minha irmã vivia em Embu das Artes. Eu morava lá com eles e eles foram incríveis comigo. Eu trabalhava no período diurno e, às vezes, à noite ou final de semana. Tinha um quarto só meu e, a cada 15 dias, tirava folga. Eles gostavam muito do meu trabalho e eu sempre procurava fazer mais para eles. Eles me agradeciam pela minha dedicação. Até que chegou um momento em que os bebês já não eram mais tão bebês. Começaram a frequentar a escolinha. Foi a deixa para eu fazer uma proposta a eles. Eu queria estudar na parte da manhã, que era quando os pequenos iam estudar e eu ficava mais livre. Contei para eles que tinha o sonho de fazer um curso de Enfermagem e se eles me liberariam, mesmo que baixassem um pouco o meu salário. O casal consentiu, desde que na hora que as crianças chegassem da escola eu estivesse em casa para recebê-las e cuidar delas. Assim foi feito.

Comecei a estudar em uma escola que ficava na avenida Brigadeiro Luiz Antônio. Pegava ônibus e metrô para chegar. Consegui completar o curso todinho e, depois disso, ainda trabalhei mais um ano na casa dessa família. Até as crianças cresceram mais um pouco. A rotina da casa mudou, e eles me disseram que não iam mais precisar de babá. Ofereceram-se para me arrumar um outro trabalho, pois eu já era de confiança deles. Eu agradeci e contei do meu plano de voltar para a minha cidade e trabalhar como enfermeira.

Alguns meses depois, eu estava de volta à minha terra. Minha mãe tinha mudado de cidade e eu fui morar sozinha na casa. Era final de 2007 e, na minha cidade, algumas coisas tinham mudado. Uma delas era uma boa notícia para mim e um sinal de que eu estava no caminho certo: o hospital de Belo Campo, que estava em construção, tinha acabado de inaugurar. Era a chance que eu esperava ter. Enviei o meu certificado de conclusão do técnico em Enfermagem para a secretária de Saúde da cidade, que era uma conhecida minha. Na hora ela aceitou, me dizendo que para eles era muito melhor contratar uma pessoa que já morava na cidade, pois assim não teriam que pagar transporte. A vaga era minha!

Em janeiro de 2008, comecei a trabalhar no hospital, muito empolgada por fazer o que eu gostava e ver meu plano se concretizando. Minha casa ficava a uns cinco minutos do hospital e eu ia trabalhar de bicicleta ou a pé. Chegava a fazer turnos de 12 por 36 horas, tamanha a minha motivação. Aos 25 anos, eu me sentia realizada!

Trabalhava no laboratório na parte da manhã, colhendo sangue, urina, fezes dos pacientes. Às duas da tarde, o laboratório fechava e eu tinha a tarde livre. Podia descansar e voltar para o plantão à noite, das 19h às 7h. Só que, como muitas pessoas das outras equipes moravam em Vitória da Conquista, eu acabava cobrindo a folga dos outros e emendava muitas horas seguidas. Sem reclamar. Pelo contrário. Gostava. Os pacientes eram gente bem humilde, bem simples e eu passava por muitas situações que lembravam muito a minha infância. Para você ter uma ideia, as pessoas eram tão simples que chegavam para serem atendidas levando de presente para mim abóbora, feijão, coisas que plantavam na roça. Estava muito feliz. Hoje sei que não foi por acaso que estudei Enfermagem e tive a oportunidade trabalhar em um hospital, logo no início da minha vida profissional. Eu precisava vivenciar o dia a dia com os pacientes, talvez até mais do que eles precisavam de mim. Deus queria tratar primeiro em mim muita coisa, cuidar um pouco das feridas que eu guardei dos momentos que não foram fáceis na minha vida. As dificuldades que eu passei lutando para ter uma vida melhor me fizeram engrossar tanto a minha casca que, por alguns momentos, eu havia me tornado alguém muito individualista, do tipo que pensa: "Eu em primeiro lugar", "a dor do outro não importa", "eu tenho minhas dores, eu tenho meus problemas, então cada um com os seus problemas". Então, eu tinha me tornado um "trator".

Ao entrar no hospital, me dei conta da vulnerabilidade da vida. Vi que nós não éramos nada. Eu via pessoas chegarem com câncer, aquele câncer em que a perna ficava só a parte do osso e a pessoa tinha tanta dor, tanto sofrimento e ainda era uma pessoa que falava de Deus. Às vezes, era uma pessoa que ainda estava feliz. Isso me levou mais para perto de Deus, me fez ver que a minha arrogância, minha dureza, minha frieza não faziam sentido e, se eu não mudasse, em algum momento eu ia colher tudo aquilo. Eu aprendi ali que eu precisava deixar de ser daquela forma tão dura. E que eu precisava, de fato, buscar ajuda para ser uma pessoa melhor e não ser aquele ser humano tão seco. Essa ficha caiu para mim. Mas ainda levou um bom tempo para eu entender como aquele aprendizado poderia ser crucial para a minha felicidade e para o meu sucesso. De qualquer forma, sentir meu coração mais maleável e cheio de compaixão pelas pessoas de quem eu cuidava, me fazia me sentir bem, me fazia sentir uma pessoa melhor.

Eu posso dizer que estava em um momento bem feliz da minha vida, mas que em meio a tudo isso, algo me incomodava. As eleições estavam chegando e, quando mudasse o prefeito, era possível que eles trocassem a equipe do hospital. Eu corria o risco de ver o meu trabalho dos sonhos escapar das minhas mãos. Não ia ficar esperando esse dia chegar. Então, pensei numa estratégia: ser a melhor profissional daquele hospital. Dessa forma, mesmo que outro prefeito assumisse, eles não teriam coragem de me mandar embora. Com que justificativa dispensariam a melhor funcionária do hospital? Certa de que eu tinha o melhor plano de ação para garantir a minha estabilidade no emprego, me empenhei e fiz o que deveria ser feito para ser reconhecida como a "funcionária nota dez".

Meu plantão era o mais organizado. Quando o pessoal do turno seguinte chegava, até o que não era para eu fazer já deixava tudo pronto. Prontuário dos pacientes detalhado, relatórios sobre o que tinha acontecido na noite anterior, a limpeza do local. Tudo em dia e impecável. O hospital tinha uma diretora para coordenar tudo e eu era só a técnica de Enfermagem, mas fazia um trabalho de organização total de todas as salas, checava todos os equipamentos, os suplementos, as medicações. Não faltava nada. Se estava acabando uma coisa, já passava a lista completa para ela.

Outubro chegou, chegaram as eleições. Mudou o prefeito e a sorte estava lançada. Logo mais, assim que o novo ano se iniciasse, eu saberia se meu plano tinha dado certo. Em dezembro, me deram férias, pois eu estava completando um ano de casa em janeiro. Vi aquilo como um sinal de que eu iria continuar. Na semana que estava programada a minha volta das férias, a diretora do hospital me ligou e me chamou para uma conversa. O que eu mais temia aconteceu: "Verônica você é uma excelente profissional, nós não temos o que reclamar do seu trabalho, mas, infelizmente, nós não temos como manter você no cargo." Eu perdi o rumo, me senti muito injustiçada e sem esperanças. Para mim aquilo era um contrassenso. Como é que, por questões políticas, um hospital dispensa sua melhor funcionária? Aquela lógica estava muito errada. Sentei-me num banquinho de cimento do lado de fora, na calçada, onde as ambulâncias estacionavam, sem forças. Sabe quando o coração dói de verdade? Sabe quando você está triste pela morte de alguém que você ama? Senti aquele aperto no coração. Eu estava tentando construir minha vida na minha cidade, perto da minha família. Eu poderia ter ficado em São Paulo, mas assim que me formei, quis voltar e trabalhar lá, no que considerava o meu lugar. E o meu lugar me trouxe essa decepção. Naquele momento, fiz uma oração que saiu da minha cabeça sem eu pensar: "Deus, me dê uma oportunidade de morar num outro lugar, em uma outra nação, onde eu possa ser reconhecida pelo meu trabalho. Eu vejo que o Brasil não foi feito para mim, não dá para eu ficar aqui, porque nunca tive nada, e nunca tive oportunidade de mostrar de fato quem eu sou e do que eu sou capaz."

Terminei essa oração e fui embora para minha casa. Decidi que daria um jeito de morar nos Estados Unidos. Usei os recursos que tinha para buscar informação sobre como fazer aquele novo plano ser possível. O caminho mais fácil era pela internet que, naquela época, era muito precária. Como eu não tinha computador em casa, nem mesmo telefone, precisava ir à lan house. Gastava o pouco dinheiro que tinha lá. Ficava meia hora, uma hora, numa maratona de pesquisa sem fim. Quando os créditos terminavam, pagava mais uma quantia ou, se o dinheiro tivesse acabado, voltava para a casa.

Entre as pessoas que eu conhecia, pouquíssimas pessoas já tinham viajado para os Estados Unidos. Era sempre o filho do prefeito tal, a médica não sei do quê. Não eram meus amigos, mas, com a cara e a coragem, eu dava um jeito de ir falar para entender as minhas chances de morar naquele país. O que eu ouvia era sempre terrível, porque as pessoas não se conformavam com a minha audácia. Eu ouvia de tudo: "Você? Morando nos Estados Unidos?"; "Ahhh, pra lá só vai filho de político, só vão os médicos"; "Mas... com que dinheiro?" ou ainda "Só se você for pelo México!" Quando ouvia essa, eu respondia: "Pelo México eu não vou! Se for da vontade de Deus, vou com visto". Eu não teria coragem de fazer uma travessia de barco. Àquela altura da minha vida, eu sabia como a vida poderia ser difícil e dos riscos que poderia correr. Naquelas condições, não valeria a pena.

Mesmo sem ver uma luz no fim do túnel, mesmo ouvindo só palavras que me desencorajavam, eu insisti e continuei a pesquisar. Até que encontrei em minha cidade uma mulher, mãe de uma amiga minha, que já tinha morada nos Estados Unidos. Ela foi a única pessoa me ajudou com uma palavra de incentivo. A dona Sueli era uma mulher cabeça aberta. Tinha vivido também no Japão, por dois anos, e havia chegado de uma temporada em Londres há pouco tempo. Eu fui conversar com ela, muito interessada em ouvir sua opinião sobre o meu projeto. Enchi a dona Sueli de perguntas! Para você que já morou em outros países, qual é o melhor país para morar? Qual é o melhor lugar? Você acha que eu tenho chance de morar fora? Você acha que eu realmente devo ir? A resposta dela era tudo o que eu precisava ouvir: "Olhe, minha filha, estou com quase 50 anos e já morei em três países. Na sua idade, eu iria para os Estados Unidos, porque, de todos os países para morar, para viver, para trabalhar esse é onde você vai se sobressair, rapidinho". Nem precisei saber o que ela achava dos outros países! Estava decidida a tornar meu plano uma realidade. Meu próximo passo seria voltar para São Paulo, porque das cidades que tinham consulado americano, essa era a única em que havia alguém da minha família. Fui passar um tempo na casa da minha irmã. Eu tinha apenas R$ 500 no banco e continuei as pesquisas na lan house. Queria entender como adquirir o visto de turista, qual seria o melhor estado para chegar, como eu ia aprender inglês. Passava dia e noite jogando essas perguntas nas páginas de pesquisa e não chegava a nenhuma conclusão segura. Parecia tudo muito aleatório, muito confuso. Decidi mudar o tipo de pesquisa e fui atrás de uma assessoria para ir para os Estados Unidos. Acabei encontrando um escritório que fazia isso. Não lembro quanto paguei para eles na época, não sei se foram os R$ 500, se parcelei, se minha irmã me emprestou um pouco de dinheiro... Só sei que consegui marcar uma conversa com esses especialistas e eles me deram o caminho das pedras do processo do visto de turista. Inclusive, fizeram o agendamento para mim. Eu estava muito feliz com aquele progresso e orava, eu passava as madrugadas orando. "Senhor, se for da Tua vontade, eu vou adquirir o visto. E se eu chegar lá, e o visto for negado, é porque não devo ir", eu dizia, nas minhas conversas com Deus.

Minha entrevista no consulado foi agendada para maio. Então, eu tinha, ainda, os meses de março e abril para me organizar. Na verdade, eu não tinha muito o que me preparar. Uma amiga me emprestou um pouco de dinheiro, mas muito pouco, coisa de R$ 1000, porque ela também não tinha muito, para eu colocar na minha conta. Assim, se pedissem algum extrato bancário, eu tinha como comprovar que tinha condições de pagar minhas despesas nos Estados Unidos. Como se isso fosse resolver alguma coisa.

O que eu mais fiz mesmo foi orar: "Deus, eu não nasci para mentir, eu não sei mentir. Então, não deixe que eles façam alguma pergunta que eu seja obrigada a contar alguma inverdade, porque vou me enrolar e vou ser presa lá mesmo. Conforme a entrevista se aproximava, a minha ansiedade ia aumentando. E aí as pesquisas na internet também: como se comportar na entrevista, que roupa usar, como olhar para o cônsul... Quando o dia chegou, fui de ônibus até um certo ponto do trajeto, depois, peguei um taxi e cheguei no consulado na região, perto do Morumbi. Minha entrevista estava agendada para as 8h30. Me perguntaram: qual a minha idade, se eu tinha pai e mãe, se tinha filhos e para qual cidade dos Estados Unidos eu iria. Respondi a todas. Não me pediram nenhum documento, nenhum papel, nada. “Ok. Seu visto vai chegar na sua casa em uma semana. Qual o endereço?” Você não tem noção da minha felicidade. Eu estava tão, mas tão feliz que poderia sair de lá e voltar correndo até a casa da minha irmã.

Do consulado, no Morumbi, fui direto comprar minha passagem no shopping Campo Limpo. Fiz as contas. O visto chegaria na quinta-feira. Então, comprei a passagem para sexta. Eu não tinha tempo a perder! Compra parcelada no cartão de crédito da minha irmã. Prometi que pagaria assim que começasse a ganhar algum dinheiro. Na empolgação, eu só não contei com a possibilidade de o visto atrasar ou nunca chegar. A casa da minha irmã ficava num bairro pobre, tipo uma favela, e eu me dei conta de que o documento poderia extraviar, alguém poderia roubar o meu passaporte e ele sumir. O jeito foi ficar todo dia ali, na porta, esperando e controlando meus nervos.

Na data prevista, o envelope mais esperado chegou. Arrumei minhas malas, continuei com os R$ 1000 da minha amiga que, na época correspondiam a um pouco menos de 500 dólares. Uma tia foi a única pessoa da família toda – e olha que minha família é gigante – a se disponibilizar a me levar ao aeroporto.

CAPÍTULO 2

Meu sonho americano

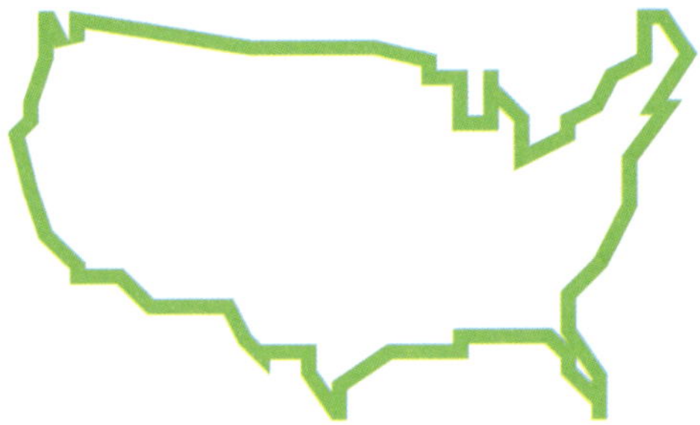

Entrei no avião cheia de esperança e medo. Muito medo. Não falava um "a" de inglês. E sabia que corria o risco de meu sonho acabar no aeroporto, na hora de passar pela imigração. A verdade é que eu não tive palavras de incentivo de ninguém. O que mais ouvi foram alertas que gelavam a minha espinha. O pessoal dizia que, quando eu chegasse em Miami, teria outra entrevista e uma chance enorme de ser deportada. Os oficiais poderiam me levar para uma salinha e fazer um milhão de perguntas. Sim, tudo isso poderia acontecer. Mas botaram tanto terror na minha cabeça que passei a viagem inteira sem conseguir pregar o olho e só imaginando o pior.

Meu voo partiu às 22h40 de Guarulhos e pousou em Miami às 6h30. Assim que cheguei na imigração, a mulher me perguntou alguma coisa e, como era de se esperar, eu não entendi nada. Então, ela pegou meu passaporte e viu que eu era brasileira. Não teve dúvidas e falou comigo em português: "Brasileira?"

Eu nem acreditei que estava ouvindo o meu idioma. Respondi que sim. "De onde?" Expliquei que estava vindo de Embu das Artes, que era onde minha irmã morava e que era o endereço que eu tinha dado para o passaporte chegar. "Embu das Artes? Nossa, conheço muito a feirinha de Embu das Artes, já fui várias vezes lá", respondeu assim, tudo em português, a oficial, que era uma brasileira. Contando desse jeito, parece até que não é verdade, que eu estou inventando, mas foi exatamente dessa forma, com a recepção mais improvável de todas, que aconteceu a minha chegada nos Estados Unidos. "Legal, você vai gostar de Miami. Seja bem-vinda. Tchau". As pessoas me perguntam qual foi a minha sensação naquele momento. Foi de liberdade, ser livre. Eu me senti livre.

Nas pesquisas que eu havia feito, tinha lido que os Estados Unidos são um país seguro, que você pode andar na rua livre, que ninguém pode te perseguir, aquela coisa toda. Então, assim que eu saí do aeroporto, toda a pressão foi embora, todo o medo foi embora. Peguei um taxi e foi como se eu tivesse tirado um peso das minhas costas. Eu pensei e assumi um compromisso com toda a vontade que eu tinha de viver uma nova vida de oportunidades: "É aqui que eu vou trabalhar. A partir de hoje, vou fazer o meu melhor nesta nação."

Meu plano para os primeiros dias de viagem estavam traçados desde o Brasil. Eu passaria alguns dias em Miami, hospedada no hotel que a agência, a mesma que comprou a minha passagem, tinha reservado para mim. Fui direto para lá. Logo no check-in, começaram os primeiros perrengues com a língua. A atendente que estava no balcão do lobby, falava um pouco de espanhol, o que facilitou razoavelmente a minha vida. Mas, em vez de uma chave, me deu um cartão para entrar no quarto. Imediatamente fiz cara de ponto de interrogação. Eu não tinha a menor ideia de como eu ia abrir uma porta com um cartão! Pela minha expressão, a moça percebeu que eu teria dificuldades em entrar no meu quarto e me explicou como aquela mágica funcionava. Depois da sorte divina inicial, os meus primeiros momentos de "bem-vinda à América!" foram cheios de micos. O segundo veio logo na sequência, na hora de tomar banho. Eu não conseguia abrir o chuveiro, que tinha uma trava. Até entender como aquilo funcionava, cheguei a pensar que teria que tomar banho de caneca, igual na roça!

Um dos primeiros programas que eu fiz foi passear no supermercado Walmart. Fiquei encantada com aquele lugar gigante! Nunca tinha entrado em um supermercado tão grande. E quase tive um treco quando avistei uma prateleira da Garnier que era um sonho de consumo materializado. Enquanto no Brasil só tinha xampu, condicionador e creme de pentear, ali tinha de tudo o que você pudesse imaginar! Só que eu não falava inglês e muito menos sabia ler em inglês. Contei com a sorte e escolhi um xampu. Mais tarde, quando fui lavar o cabelo, me dei conta de que o que eu tinha comprado era um creme para o corpo! Fazer o quê? Eu dava risada e achava engraçado. Fiquei uma semana ali, vivendo as primeiras descobertas do meu sonho americano. Miami era um lugar lindo. Eu queria aproveitar aquela praia, ficava encantada com tudo. Nunca tinha visto ruas do tamanho daquelas, o trânsito fluindo. Tudo muito diferente, muito bonito!

Passados os dias iniciais, precisei me virar e dar um jeito de comprar uma passagem de ônibus para o estado da Virgínia. Isso porque eu tinha lido na internet que a região central país era o lugar mais fácil de aprender inglês. A explicação era que, sem a influência latina, praticamente sem nenhum brasileiro por perto, a convivência com americanos seria mais intensa e isso propiciaria um maior contato com a língua. Na minha total inocência, eu acreditava que já estaria falando inglês fluentemente em três ou quatro meses. Claro que não foi assim, mas eu tive que viver para acreditar. Logo na chegada ao hotel em Richmond, na capital da Virgínia, veio o choque de realidade: não tinha ninguém que falasse português. Com o dinheiro acabando, fui para um hotelzinho bem pior do que o de Miami. Na minha cabeça só tinha uma coisa: eu precisava achar logo uma comunidade de brasileiros, arrumar um emprego ou estava lascada. Dei um jeito de me fazer entender para a recepcionista do hotel e perguntei se ela sabia de algum lugar que falassem espanhol ou português, onde eu pudesse conseguir um trabalho. O máximo que consegui foi o endereço de uma bodega espanhola, uma lojinha latina. Em frente à bodega tinha um banquinho – mais um banquinho em minha vida! – onde me sentei. E passei horas ali. Para todos os que passavam por mim, eu perguntava: "É brasileiro? É brasileira?" O primeiro dia foi desanimador. Parecia que só eu falava português naquele lugar! No segundo dia, a sorte sorriu para mim. "Sim, sou brasileira", me respondeu uma moça. "Graças a Deus!", respondi. Expliquei que eu tinha chegado do Brasil havia seis dias e meu dinheiro tinha acabado. Desabafei: "Não tenho para onde ir, não tenho cobertor, não tenho roupa, não tenho comida e preciso muito trabalhar. Vim sozinha para cá e não falo inglês". Eu não queria olhar por esse lado, mas enquanto não conseguisse ajuda eu estava virando literalmente uma mendiga. Essa moça me olhou com compaixão. E me disse: "Eu vou te levar para minha casa."

Ela me explicou que era de Goiás e morava numa casa com a irmã e uma amiga. Trabalhava com faxina, tinha uma empresa de limpeza, mas trabalhava sozinha, não tinha clientes para mais uma pessoa. Me disse também que não poderia me arrumar emprego enquanto eu não aprendesse como funcionavam as coisas nos Estados Unidos. Eu teria que aprender tudo sobre os produtos, como fazer a limpeza na casa e, quando estivesse pronta, ela me arrumaria um emprego. "Eu vou te ensinar a trabalhar. Agora, com relação à alimentação, cobertor e onde ficar, não precisa se preocupar. Você vai ficar na minha casa", disse Karine, uma enviada de Deus na minha vida. Ela, a irmã e a amiga são pessoas literalmente do bem. Cumpriu o prometido e me ensinou tudo mesmo. E eu tinha tanta vontade de aprender, precisava tanto, que assimilei tudo o que ela me explicou em uma semana. Entendi como fazia a limpeza das casas e, para me garantir, escrevi num papel, em português, para o quê servia cada produto. Assim eu não me perderia e não faria nenhuma trapalhada na casa dos outros. A Karine fez questão de me ensinar também por outro motivo: não queria que eu fosse explorada na casa de ninguém. Para nenhum cliente argumentar que, por não conhecer os produtos, eu deveria cobrar menos. Absorvi o máximo de informações que pude da Karine e fui aprovada pela minha mais nova amiga. Ela arrumou um emprego para mim em uma companhia de limpeza e lá fui eu trabalhar pelo valor justo. Foi aí que comecei a dar os primeiros passos da minha jornada de trabalho, nos Estados Unidos.

De dia, limpava casas. À noite, escritórios. No fim de semana, a faxina era em bancos. Em dois, três meses já tinha três empregos. Ganhando em dólar, paguei tudo o que eu tinha ficado devendo no Brasil. A passagem que a minha irmã comprou no cartão, o dinheiro que minha amiga emprestou... Além disso, comecei a ajudar a minha mãe, porque sabia que passava por muita dificuldade financeira, a ponto de dever até a cesta básica. Essa situação dela me incomodava muito e foi muito bom conseguir ajudar a melhorar a realidade dela. O meu sonho americano começava a se tornar realidade e aquele era só o começo.

"Quer ser rico?
Encontre um lugar de
contentamento!"
tapioca
da
baiana

CAPÍTULO 3

Para Boston e avante!

Enquanto eu estava no Brasil, fazendo minhas pesquisas para conseguir chegar aos Estados Unidos, acabei navegando em salas de bate-papo de brasileiros que já viviam no país. Foi em uma dessas comunidades online que conheci o Adriano. Mais especificamente, nos encontramos no Orkut, que foi um precursor da rede social Facebook. O Adriano morava na região de Boston há uns quatro, cinco anos e posso dizer que foi meu primeiro amigo dos Estados Unidos. Desde a minha chegada, a gente não conseguiu se encontrar. Eu estava como o dinheiro contado para fazer um turismo modesto em Miami, comprar a passagem de ônibus e conseguir chegar na Virgínia. Além disso, eu não tinha tempo. Como dizem nos Estados Unidos, time is money (tempo é dinheiro). Portanto, eu não tinha tempo a perder, precisei dar logo um jeito de garantir o meu sustento. Então, esse encontro teve que ficar para depois. Até que um dia, quando eu já estava com a minha vida mais nos eixos, trabalhando com a faxina, eu fiquei sabendo que estava para acontecer em Nova York o Brazilian Day, um evento que reúne a comunidade brasileira e tem muitos shows de artistas, dança e comidas típicas. Acontece desde 1984, sempre um dia antes da primeira segunda-feira de setembro, data em que é comemorado o Dia do Trabalho nos Estados Unidos, o Labor Day. O público que vai ao evento soma mais de um milhão de pessoas que lota as ruas de uma região conhecida como Little Brazil (em tradução para o português, Pequeno Brasil), na ilha de Manhattan. Eu não queria perder esse evento, de jeito nenhum. Seria uma grande festa, eu estava com saudades do Brasil, da comida, das músicas... Graças a Deus, estava trabalhando bastante e poderia me dar essa oportunidade.

À essa altura, eu não morava mais na casa das minhas amigas que me acolheram na chegada à Virgínia. Arrumei um lugar para mim e, com o dia a dia de muito trabalho, passava boa parte do meu tempo sozinha, isolada. A viagem para a Costa Leste, onde fica Nova York, seria também uma chance de eu me divertir um pouco e bater papo, já que minhas amigas também iriam. Sem falar que conhecer a Big Apple era meu sonho! Eu via aquela cidade nos filmes, na televisão, e achava surreal. Tive a ideia de ligar e chamar o Adriano, já que Boston fica a quatro horas de Nova York. Ele topou e marcamos de nos encontrar.

Ver o Adriano pessoalmente, pela primeira vez, mexeu comigo. Rolou um clima, não vou negar. Eu o achei muito simpático, bonito, interessante, mas ficou nisso. Eu voltei para a Virginia e ele voltou pra Boston. Só que não paramos mais de nos falar. Sabe quando você tem muita coisa em comum com a pessoa e nunca falta assunto? Com a gente foi assim. Por exemplo, eu sou baiana e sou apaixonada por acarajé. Ele já tinha morado em Salvador e também gostava muito de acarajé. Ele torce para o São Paulo e... eu também. Era muita conversa, muita coisa em comum.

Um dia, o Adriano me fez um convite para ir à Boston. Disse que eu deveria conhecer a cidade dele, porque ela tem muitas lojas brasileiras, tem comida brasileira. "Acho que você vai gostar de encontrar muita coisa do Brasil", disse para mim. Fiquei animada! E pensei, quer saber? acho que eu vou mesmo. Em novembro daquele ano, fui a Boston e, resumindo a história, nos casamos depois de dois meses. Nesse tempo, voltei para a Virginia umas duas ou três vezes, mas depois me mudei para Boston, definitivamente.

Casar com o Adriano foi encontrar o amor e adotar uma família, já que a mãe dele e o irmão também moravam em Boston com ele. Foi também encontrar uma igreja para chamar de minha. Eles são uma família cristã e, desde que começamos a namorar, passei a frequentar os cultos. Eu me converti, depois me batizei na igreja evangélica. Sou reservada sobre isso, porque acredito que cada pessoa tem uma maneira de cultivar a própria fé. Mas o fato é que, a partir do momento em que eu passei a ter uma vida mais próxima da igreja, eu tive muitas provas da grandeza do amor de Deus. Talvez eu tenha ficado mais atenta aos sinais, talvez eu tenha colocado ainda mais a minha vida nas mãos Dele. Mas o fato é que eu tive um encontro com Jesus, tive – e tenho – experiências com Deus, que fizeram a minha vida mudar para muito melhor em todos os sentidos, como você vai poder comprovar.

Em Boston, o Adriano trabalhava na construção, fazendo pintura de casas. Já a mãe dele e o irmão tinham um emprego em um restaurante. Eu continuei a fazer faxina nas casas. Foi a minha sogra que conseguiu um trabalho para mim, em uma empresa de limpeza de residências. Nessa companhia, eu tinha algumas casas para limpar, assim como as outras funcionárias, e estava com a minha agenda toda comprometida. Foi então que uma das meninas que trabalhava comigo ficou grávida e teve que parar de trabalhar por um período para ter o bebê e cuidar do filho. Essa moça, tinha uma cliente que não era vinculada à companhia. E, como gostava do meu trabalho, quis passar esse trabalho para mim. Me lembro que ela falou assim para mim: "Verônica, você trabalha tão bem, é uma pessoa que faz com tanta excelência o seu serviço, que eu queria deixar essa minha cliente com você". Eu fiquei muito feliz com a indicação, por ser reconhecida pela minha colega de trabalho e também por ter a oportunidade de ganhar mais. Afinal, o valor dessa faxina eu receberia integral e não apenas uma porcentagem. O único problema era que aquela cliente só aceitava que limpassem a casa dela na segunda-feira. E segunda-feira era um dia que eu já trabalhava em outras casas, pela companhia. Mesmo assim, a cliente da minha amiga grávida não desistiu de mim. Apesar de só aceitar faxina na segunda-feira, concordou que eu chegasse às 20h para fazer a limpeza. Então, depois que eu terminava a faxina nas outras casas, seguia para a casa dela e faxinava sozinha os três andares, com quatro banheiros gigantes. Estava cansada, mas eu ia.

Um dia, achei que deveria conversar com a minha patroa e pedir para ela me liberar das casas da segunda-feira para, assim, poder fazer o serviço dessa cliente que não era da companhia. Nossa, foi o suficiente para essa mulher se transformar. Ela ficou muito brava com o meu pedido e falou um monte de coisas para mim. Disse que eu me achava demais, que eu tinha chegado nos Estados Unidos há apenas um ano, nem inglês eu falava, e já queria trabalhar por conta própria! Ela ficou indignada com o meu pedido, como se eu estivesse errada de querer pegar aquele serviço. Disse mais, coisas do tipo: "Você está achando que vai chegar aonde? Você está achando que você é o quê? Quem você acha que é?" Mas ela falou tudo aquilo de uma forma tão arrogante, uma forma tão agressiva... ela me diminuiu tanto, que eu me senti muito mal, muito ofendida, me senti muito triste, fiquei arrasada. Desde quando eu cheguei nos Estados Unidos, tudo foi muito difícil para mim – como é para qualquer imigrante que chega sem trabalho, sem saber falar a língua e tem que começar do zero. Foi comum passar por muitas situações em que as pessoas diminuíam e menosprezaram a minha capacidade, pelo simples fato de eu não saber falar inglês. As pessoas já se achavam no direito de pagar menos e fazer você se contentar com menos. É muito difícil não se sentir diminuído e, até acabar achando que é assim mesmo, que tem que aceitar qualquer coisa, qualquer situação. Mas eu nunca imaginaria que poderia passar por essa situação com essa minha chefe. Isso porque eu gostava muito dela e gostava de trabalhar ali. Por isso, fiquei muito ofendida com a reação inesperada dela.

Fui para casa de cabeça baixa, arrasada, sem vontade de fazer coisa alguma. Era uma quinta-feira e eu passei o final de semana muito ruim, muito mal, muito triste com aquilo. Tanto é que eu só sabia fazer uma coisa: chorar. A minha tristeza era de ver uma pessoa desmerecendo os meus sonhos, tentando me fazer acreditar que eu não tinha o direito de querer ter uma vida melhor. Na minha cabeça, aquilo não fazia sentido, e eu pensava: Não importa se você chegou nos Estados Unidos ontem, não importa se você fala inglês ou não. O que importa é que você é um ser humano, é uma pessoa como outra qualquer, que tem o direito de ser feliz e de querer realizar seus planos. Não é porque você chegou há pouco tempo que você não pode ter sonhos. Então, no domingo, eu me sentei na minha cama, no meu quarto, e fui falar com Deus. Eu precisava de uma ajuda que viesse de algo maior. Imersa naquela tristeza profunda, eu pedi: "Deus, me dá uma palavra! Me dá uma palavra para essa situação, porque amanhã eu vou ter quer encontrar a minha chefe novamente e eu não sei como lidar com isso, não sei o que fazer". Então, abri a minha Bíblia na página do Salmo 37 que falava assim: "Não se aborreça por causa dos homens maus e não tenha inveja dos perversos; pois como o capim logo secarão, como a relva verde logo murcharão. Confie no Senhor e faça o bem; assim você habitará na terra e desfrutará segurança. Deleite-se no Senhor, e ele atenderá aos desejos do seu coração.

Entregue o seu caminho ao Senhor; confie Nele, e Ele agirá: Ele deixará claro como a alvorada que você é justo, e como o sol do meio-dia que você é inocente".

Aquela palavra veio ao meu encontro como um refrigero, eu senti um alívio, um conforto naquela mensagem de Deus para mim. Senti uma confiança tão grande que o meu semblante mudou. Dormi mais tranquila naquela noite e fui trabalhar no outro dia. Achei melhor não esticar o assunto e ficar quieta. Não falei nada com a minha chefe e, à noite, segui para a casa da brasileira. Essa cliente era uma brasileira do Sul do Brasil que já morava nos Estados Unidos havia muito anos e o marido dela trabalhava numa multinacional gigante. A Rosângela sempre foi uma pessoa muito querida. Eu chegava na casa dela toda cansada, toda suja e ela falava, sempre atenciosa: "Olha, Verô, eu separei um café para você. E tem aqui também uma comida". Desde a primeira faxina que eu fiz na casa dela foi assim. Mesmo sem me conhecer, ela procurava ser gentil. Aos poucos, fui percebendo que ela era também muito sozinha, porque morava numa área rica de Boston onde não havia brasileiros. Ela trabalhava numa escola e tinha mais contato mesmo era com os americanos. Acho que gostava de falar português ali comigo e tal. Eu também procurava retribuir. Antes de sair, escrevia bilhetinhos para agradecer. Neles, dizia que o meu coração era grato pelo fato de limpar a casa dela, por eles são tão legais comigo. "Ro, obrigada pela possibilidade de me permitir entrar na sua casa e por confiar em mim!" E era de verdade! Esse casal me oferecia tanta coisa que eu me sentia até constrangida. Tanto que eu também acabava levando algum presente para eles. Como eu sempre gostei de cozinhar e, no domingo, lá em casa a gente sempre fazia alguma coisa – uma moqueca, um pão... - eu sempre separava alguma coisa e deixava lá de presente para eles. Era de coração que eu fazia. Eu sentia uma gratidão muito grande por eles. Pessoas nos Estados Unidos que nunca tinham me visto antes, que não sabiam da minha história, não conheciam a minha família, nem a minha procedência. Então, eu sempre fazia algo a mais para eles. Sempre lavava as toalhas, por exemplo, que não era minha obrigação. Também lavava os lençóis, dobrava e colocava um bilhetinho. Não me custava nada. Enquanto eu estava limpando, colocava essas toalhas para lavar. E depois era colocar para secar e dobrar quatro ou cinco toalhas. Para mim, não faria diferença, mas para a Rosângela faria. Ela ia chegar em casa cansada e não teria que pensar em precisar trocar as toalhas. Dependendo de mim, as dela estariam sempre limpas e cheirosas.

Naquela segunda-feira, após a conversa difícil com a minha chefe, eu cheguei na casa dela ainda muito abatida. Eu sou uma pessoa muito transparente, não consigo esconder o que estou sentindo. Fica tudo na minha cara: ou estou muito bem ou eu estou muito mal. Só de olhar para mim é possível falar: o mundo dela acabou ou o mundo dela está só alegria. Só que eu não tinha a menor intenção de contar o ocorrido para ela. Eu achava que não vinha ao caso misturar meus problemas com a companhia e o serviço na casa dela. Só que não deu para ser assim.

Logo que cheguei na casa da brasileira, ela já notou que havia algo de errado comigo e me perguntou o que havia acontecido. Eu preferi dizer que que não tinha acontecido nada, mas ela insistiu: "Nada? Mas você está com uma cara muito triste, eu nunca vi você assim". Foi então que eu desabei e comecei a chorar. Vendo meu estado, ficou super preocupada. Pensou que tinha alguma coisa relacionada ao meu casamento. Ela queria entender e queria me ajudar. "Sei que você não tem família aqui e, se aconteceu alguma coisa, eu quero te ajudar", me disse. Então, me senti confortável para desabafar. Não contei como vítima, nem esperando nada em troca, porque ela era uma pessoa que eu conhecia há muito pouco tempo. Eu tinha começado a limpar a casa dela há uns dois meses, apenas. Fiz o relato de tudo o que tinha se passado comigo e ela ouviu atentamente, sem me dizer nada, sem me interromper. Só percebi que que ela ficou triste. Mas ela não me respondeu nada, não falou nada. Só me ouviu e falou: "Verônica, que triste... Eu gosto de limpar minha casa na segunda-feira porque já passou o final de semana e é o dia em que a casa está mais bagunçada. Então, começo a semana com minha casa limpa. Mas, devido a esse desconforto, você pode vir no dia e no horário que você precisar. Se você quiser vir aos sábados, você vem, no domingo, à noite... Só me avisa que eu vou te dar a chave da minha casa. Você entra e limpa, mesmo que eu não estiver aqui. Está tudo certo." Depois dessa nossa conversa, limpei a casa dela e fui embora para minha casa muito feliz. Feliz com aquela atitude dela. Isso me deixou muito satisfeita. Que bom que existem pessoas boas no mundo.

Mesmo recebendo todo o apoio da minha cliente, eu me senti numa situação desconfortável, porque eu sabia que, por mais compreensiva que fosse, ela gostava da casa arrumada na segunda-feira. Então, mesmo que me permitisse limpar a casa em outro dia, quando ela encontrasse outra faxineira que tivesse a segunda-feira livre, iria preferir. E estava no direito dela de me dispensar. Só que para mim não seria nada bom perder aquele ganho. Naquela época, eu recebia 120 dólares para limpar a casa dessa minha cliente, enquanto, na companhia, eu ganhava 100 dólares para limpar 5 casas! Era muita diferença. Além disso, eu não queria perder aquela cliente. Eu já tinha o sonho de trabalhar por conta própria e ela seria a minha primeira cliente! Fui embora com a cabeça cheia, pensando em tudo isso. Quando eu cheguei em casa, meu telefone tocou. Era a minha cliente. Já pensei no pior. Jesus! Eu não estava com a cabeça boa naquele dia. Será que eu quebrei alguma coisa na casa da mulher? O que será que eu fiz? Me deu aquele nervoso, antes de atender a ligação. Ela simplesmente falou: "Verônica eu precisava que você voltasse aqui". Não quis me adiantar nada do assunto pelo telefone. Eu concordei que voltaria, mas pedi para ela me receber naquela mesma noite, porque não conseguiria esperar até o dia seguinte para saber o que eu tinha feito. Morreria de ansiedade!

Pense em uma pessoa nervosa. Eu estava assim no trajeto até a casa da minha cliente brasileira. Na minha cabeça, só conseguia pensar no pior. Já cheguei pensando que seria humilhada mais uma vez por alguma coisa que eu fiz ou não fiz bem-feito. Imaginei coisas horríveis. Mais nada. Já tinha sido tão pisoteada e tão maltratada que, àquela altura, nunca imaginaria que alguém pudesse ter algo de bom para me oferecer naquela terra, justo naquele lugar em que eu não conhecia ninguém. Quando cheguei lá, o marido dela também já estava casa. E minha cliente me explicou por que queria falar comigo. "Verônica eu te chamei aqui, porque fiquei muito comovida com a sua situação e a forma como a sua patroa falou com você. Não faz muito tempo que você limpa a minha casa, mas já deu para perceber o seu caráter. Eu vejo que você entra aqui e faz o seu melhor. Eu chego em casa e já vejo a perfeição das coisas que você faz, mesmo sem conhecer a gente. E vejo também o carinho com que você trata a gente". Pelo tom da conversa, eu fiquei um pouco mais aliviada. E isso me deixou ainda mais curiosa. Afinal, o que ela queria?

A Rosângela me explicou que, assim que o marido chegou do trabalho, ela contou a ele o que tinha acontecido comigo. Disse que ficou muito preocupada com a minha situação na companhia de limpeza e ficou pensando em como eles poderiam me ajudar. Ela continuou a conversa dizendo que era o marido que coordenava as finanças de casa, mas que sugeriu a ele que emprestasse uma quantia para que eu pudesse fazer outra coisa da minha vida, ter um novo trabalho. O Beto topou me emprestar e ela estava ali me oferecendo essa ajuda. Um empréstimo. O Beto devia ter me visto uma vez na vida, porque nunca estava em casa. Nunca tinha me visto praticamente. E ele acatou o pedido da mulher, que ela fez sem nem mesmo eu saber. Confesso que, na hora, não conseguia acreditar no que eu estava ouvindo! "Se você quiser sair dessa companhia, parar de trabalhar com essa mulher, você pode. Você pode abrir uma companhia para você." Ouvir essas palavras saírem da boca da

Rosângela era muita alegria. Eu levei um choque com a atitude dela, eu fiquei paralisada, na hora. Um sentimento de gratidão, ainda maior, me invadiu. Então eu respondi: "Eu agradeço muito, mas eu não posso aceitar, não". Por mais que estivesse precisando daquela ajuda, eu não me sentia merecedora daquilo. Eu estava completamente sem jeito.

CAPÍTULO 4

Nasce uma empreendedora

Cinquenta mil dólares. O que você faria se alguém emprestasse a você cinquenta mil dólares? Pois era esse o valor que a Rosângela e o Beto colocaram à minha disposição. Era muito dinheiro. Era algo que eu nunca tinha visto na minha vida. No meu caso, eu sabia exatamente o que dava para fazer. Eu poderia, por exemplo, comprar clientes de uma companhia de limpeza que estivesse sendo vendida, passar a atendê-los por conta própria e realizar o sonho de trabalhar para mim. Bastava comprar os clientes e começar a trabalhar.

Era muita mudança de vida, de uma hora para outra. Era tudo o que eu queria que acontecesse se materializando, assim, num passe de mágica. Mas o ser humano é estranho, a gente tem uma coisa de achar que não somos merecedores. E mesmo quando você tem alguém que está te ofertando algo, existe aquela resistência. Eu achava que não merecia mesmo, que era muita coisa. Diante da minha negativa, a Rosângela insistiu, dizendo que não estava me dando aquele valor, estava me emprestando. "Eu quero te emprestar o dinheiro que você precisar para você começar. E pode me pagar quando quiser, eu não quero que você tenha prazo. Se você comprar um negócio e não der certo, não precisa ficar preocupada. Você me paga ao longo da sua vida. É um dinheiro que a gente não precisa neste momento e vai me fazer muito bem te ajudar." Então eu respondi: "Eu agradeço muito a você, mas eu não vou aceitar. Até porque não é uma coisa fácil encontrar uma companhia que esteja à venda e seja um negócio de confiança, que eu possa comprar com segurança. Agora, se for da vontade do Senhor, se o Senhor preparar essa compra para mim, aí tudo bem. Eu sei que posso te ligar e aceitar esse empréstimo". Ficamos conversadas assim, com esse combinado.

Eu saí da casa da Rosângela muito feliz, empolgada, mas, ao mesmo tempo, achei mesmo que não encontraria facilmente uma empresa para comprar assim, tão rápido, nos próximos dias. Primeiro, porque eu não falava inglês e não tinha como ter acesso a muita coisa, estava muito limitada aos negócios que apareciam na comunidade brasileira. E não era apenas isso. O segundo motivo era que, nesse mercado, existem muitos golpes. Então, mesmo que aparecesse uma empresa à venda, eu teria que fazer uma análise bem profunda para ver se realmente deveria ou não comprar. O maior risco é o de comprar uma carteira de clientes fria. Acontece assim: a pessoa de má fé vende os clientes, mas assim que pega o dinheiro, liga para os clientes e fala que quer voltar a trabalhar para eles. O cliente não sabe de nada do que se passou. E como americano costuma ser muito fiel aos seus prestadores de serviço, na grande maioria dos casos, volta para o antigo. O pensamento é simples: "Se a pessoa que já limpou minha casa por dez anos vai voltar, eu vou continuar com ela. Não vou me arriscar com uma pessoa que está somente há uma semana aqui". Quem comprou a carteira fria de clientes, caiu no golpe. Então, é muito assim que acontece. E eu morria de medo de cair numa dessas ciladas. Ainda mais com o dinheiro dos outros. Mesmo assim, foi muito bom receber aquela oferta de empréstimo, pois ela representou para mim um conforto e um porto seguro, com o qual eu poderia contar, vivendo fora do meu país. Era muito bom poder saber que eu tinha esse apoio.

Passaram-se dois dias da conversa com a Rosângela quando a chefe da minha sogra, que também era dona de uma companhia de limpeza e já morava há muitos anos nos Estados Unidos, veio com uma novidade. Ela estava cansada de administrar tantos clientes na sua companhia, queria diminuir o trabalho. Precisava de mais tempo para os compromissos com os filhos na escola e estava disposta a tirar algumas casas do portfólio de clientes da empresa. Essa mulher perguntou para minha sogra, a dona Graça, se ela não conhecia ninguém para quem pudesse repassar esses clientes. Ela queria que fosse uma pessoa de confiança, porque não tinha a intenção de deixar seus clientes na mão ou mal assistidos. Afinal, eram clientes de muitos anos. Ela gostaria mesmo era de encontrar uma pessoa que não apenas pudesse indicar de olhos fechados como também que, se qualquer coisa que acontecesse, essa pessoa pudesse entrar em contato com ela para tirar dúvidas.

Não tinha nem dado tempo de eu contar para a dona Graça sobre o empréstimo que a minha cliente havia me oferecido. A gente morava na mesma casa, mas era meio que dividido, eu e o Adriano tínhamos um quarto separado. Era uma casa como se fossem duas, dividida. Quando ela veio me contar sobre o pedido de sua chefe, não imaginou que a pessoa sob medida para comprar aquelas clientes estava bem ali em sua frente. "Verô, a Simone está querendo tirar algumas casas da companhia dela, mas eu não sei como fazer para ajudar. Quem é que eu vou indicar?" Na mesma hora que ouvi aquilo, eu disse: "Eu!!!" Logo quis entender melhor o plano da dona Simone. Ela queria diminuir apenas cinco casas. E para mim estava de bom tamanho. Na empresa em que eu trabalhava, eu fazia 25 casas, cinco por dia.

E ganha 100 dólares por dia. Rosângela, ganhando uma diária de 120 dólares por dia, já estaria no lucro e trabalhando para mim. Seria uma grande evolução, porque era muito mais rentável ser dona do meu próprio negócio! Então, contei para a minha sogra sobre o empréstimo. Estava tudo se encaixando! Foi surreal a rapidez com que as coisas aconteceram. Uma coisa muito de Deus mesmo. Agora era ligar para a Rô e dizer que eu aceitava a oferta dela. Confesso que fiquei até com vergonha de voltar, ligar para ela e falar que precisava do dinheiro. Afinal, eu havia dito que era uma coisa que demorava, não era fácil. Mas em três dias estava tudo pronto para eu dar mais um passo e realizar o sonho de ter minha própria companhia. Foi no tempo que Deus quis e em que Ele achou por bem me enviar aquela oportunidade.

Liguei para a Rosângela, que me disponibilizou o dinheiro naquele mesmo dia, à noite. Mas não pedi os 50 mil dólares, porque eu não precisaria daquilo tudo para começar. Apenas 10 mil dólares bastariam para comprar aquelas clientes da Simone. E foi assim, apenas uma semana depois do dia em que a minha patroa me humilhou, eu estava com tudo pronto para ter o meu próprio negócio.

Quando contei para ela que estava de saída, a mulher não acreditou no que estava ouvindo. Talvez tenha achado que eu tinha ficado ainda mais metida! Eu disse apenas que, se ela quisesse, eu poderia trabalhar mais umas duas semanas para que ela tivesse tempo de encontrar outra pessoa para colocar no meu lugar. Ela ficou paralisada na minha frente e me perguntou o que eu pretendia fazer. Disse que começaria a trabalhar por conta própria. Ela ficou em choque e me respondeu que eu não precisava trabalhar para ela mais nenhum dia. Assunto encerrado. Vida que segue. Comecei uma nova fase em vida. Pela primeira vez, eu seria dona da minha própria companhia.

Imediatamente, comecei a ir trabalhar com a Simone para conhecer os clientes e as casas que ela me passaria. Essa fase inicial, de ficar por dentro do serviço, e saber como cada um gostava que fosse feito durou mais ou menos um mês. Fizemos uma etapa de adaptação em que em uma semana nós duas íamos juntas e, na outra semana, eu assumia o serviço sozinha, até os clientes irem se acostumando comigo. Fazer dessa forma foi a melhor escolha, pois resultou em uma transição bem tranquila para todos – eu, ela e os clientes.

O que me preocupava naquele início era o fato de eu ainda não falar bem inglês. Como empregada, eu só tinha que limpar. Era até desejável que eu falasse a língua, mas nada obrigatório. Agora, eu teria que combinar horários, pagamentos, falar sobre o serviço... enfim, precisava criar um relacionamento com minhas clientes. Como vai ser isso? Eu já estava estudando, tinha entrado em uma escola e tudo, mas ainda não tinha uma fluência que me permitisse conseguir desenvolver um relacionamento com os meus clientes. Mas não tinha como acelerar as coisas. Só o tempo e a prática me ajudariam a melhorar meu domínio da língua. Enquanto isso não acontecia, montei um plano para que a falta do inglês não atrapalhasse o meu negócio. Prometi a mim mesma que faria um trabalho tão bom, mas tão bom, nas casas em que eu fosse limpar que, mesmo que algum cliente se incomodasse com o meu inglês capenga, não abriria mão de mim por causa da qualidade do meu serviço. E foi assim, seguindo a minha regra interna de compensar a minha inabilidade na língua com trabalho de altíssima qualidade, que fui ganhando espaço. Todos os dias, eu trabalhava pensando assim: "Como não falo inglês, vou chegar nessas casas e fazer algo surreal, vou prestar um serviço fenomenal, diferente de tudo o que eles já puderam ter antes!". Vou contar uma coisa para você: é mais fácil fazer algo fora do que é considerado o normal nas casas americanas, porque o estilo brasileiro de fazer faxina é muito mais detalhista. Normalmente, a faxina que é feita nos Estados Unidos é mais limitada e qualquer serviço extra é cobrado à parte. Sabendo disso, eu chegava nas casas disposta a surpreender, fazer mais do que a minha obrigação e não cobrar nada a mais por isso.

Meu objetivo era encantar e fidelizar meus clientes. E nada melhor do que fazer isso agradando. Então, havia casas em que eu encontrava a geladeira "daquele jeito", com cara de que há anos não via um pano de limpeza e toda bagunçada. Não tinha dúvidas! Fazia aquela faxina e organização de dar gosto de ver. Quando eu chegava nos closets, meu Deus, só o Senhor! Muita bagunça. Então, eu fazia a mesma coisa, deixava tudo limpo, impecável. Cabides organizados, roupas dobradas... Mais um lugar da casa que era comum eu encontrar num péssimo estado era a garagem que, nos Estados Unidos, muitas pessoas costumam usar como depósito. Tudo o que não se usa muito vai para a garagem. Se não organizar e não limpar, já viu! Vira um acúmulo de coisas, ninguém encontra mais nada ali. Então, em toda casa eu tinha algo a mais para fazer. Eu encontrava uma maneira de entregar um serviço diferenciado, um diferencial, todas as vezes que eu quisesse. Imagina a reação de uma mulher americana, que paga toda semana para limpar a casa dela, e nunca teve a geladeira limpa. Pense só como ela ficava feliz ao chegar em casa e encontrar a geladeira impecável, limpa e organizada. Ficava apaixonada! E se sentia tão agradecida que, além de virar fã do meu trabalho, me dava gorjeta, mesmo sem eu cobrar. Aliás, essa é também uma das vantagens de prestar serviço nos Estados Unidos. Faz parte da cultura americana dar tips (nome em inglês para gorjetas). Isso é comum nos restaurantes, já que uma parte dos ganhos dos garçons vem disso. E nas faxinas pode ocorrer o mesmo, principalmente quando você surpreende positivamente. Como se não bastassem as gorjetas, quando chegou no primeiro Natal, teve cliente que me deu mil dólares de bônus. Uma casa custava 100 dólares para eu limpar e ela deixou mil dólares! Outros deixavam 500 dólares. Eu lembro que naquele ano eu ganhei tanto dinheiro que, se eu quisesse, poderia ficar sem trabalhar três ou quatro meses, só vivendo dos bônus. Trabalhar nos Estados Unidos é maravilhoso também por isso. É a lei da ação e reação, agindo o tempo todo. Você faz e você tem retorno; é uma cultura de reconhecimento. Essa forma de valorizar o trabalho e as pessoas que fazem a diferença me fez me apaixonar pela nação e pelo povo daqui.

Quer saber de mais um benefício que eu tive, por me esforçar para prestar um serviço com excelência? Além de deixarem mais dinheiro para mim, as minhas clientes também começaram a indicar minha companhia de limpeza para as amigas. Com essa propaganda boca a boca, em apenas um mês eu já tinha mais oito clientes! E dessa vez não tive que pagar nada por elas. Então, faça as contas comigo: para iniciar o meu negócio, eu comprei cinco clientes. Depois de um mês, ganhei mais oito clientes por indicação. Adivinhe o que aconteceu com os ganhos de todas essas faxinas? Rapidamente eu consegui pagar os 10 mil dólares que peguei emprestados com a Rosângela. Eu creio que em um mês e meio, não lembro com exatidão, mas por volta disso, tinha pago a metade e, depois de dois meses, dois meses e pouco, quitei o restante e fiquei sem dívidas. Com tudo isso, a Rosângela e eu estreitamos os laços do nosso relacionamento. E eu continuei limpando a casa dela na segunda-feira. Aliás, eu reservava a segunda-feira inteirinha para ela, como uma forma de demonstrar a minha gratidão. Além de não dividir o meu dia com mais nenhum cliente, em vez de lavar e dobrar as toalhas, eu comecei a fazer todo o serviço que era possível na casa dela. Passava o dia lá, praticamente. Chegava lá entre 8 e 9 horas da manhã e trabalhava até às 3 ou 4 da tarde. Eu tinha todo esse período para ficar ali sozinha, e fazia tudo e mais um pouco. Limpava a geladeira, garagem, tudo. E o que eu não podia fazer, eu falava para a faxineira, que eu chamei para trabalhar comigo, a Adriana, dar conta. A casa da Rosângela ficava impecável, mesmo sem ela pedir. Ela até me falava que não precisava fazer tudo aquilo, mas eu fazia questão, porque sabia que fazia a diferença. E havia algumas coisas que não era preciso fazer todas as vezes, porque se mantinham arrumadas e limpas de uma semana para a outra. Então, numa semana arrumava um closet e só teria que arrumar de novo muito tempo depois. Como esse esquema de trabalho totalmente focado em agradar o cliente, cuidando muito bem das casas, eu comecei a aumentar minha companhia. E foi a glória na Terra! Eu estava no Céu.

CAPÍTULO 5

A tapioca da baiana

Parei de limpar casas depois de quatro anos, morando nos Estados Unidos. Eu já tinha em torno de 20, 25 clientes no total. Com a ajuda da Adriana – e de mais algumas faxineiras que eu acionava quando precisava, depois que a quantidade de cliente aumentou – eu já não trabalhava tanto. Chegou um momento em que eu não precisava mais trabalhar em todas as casas, porque já tinha ensinado como se fazia para ela. Dessa forma, comecei a ter a vida que eu sonhava ter. Primeiro, tive dinheiro para poder morar numa casa só minha com o Adriano. Era uma casa muito pequenininha, mas era nossa. Então, nesse momento da minha vida, eu não morava mais com a minha sogra e trabalhava bem menos. Eu treinava, fazia exercício... Sempre gostei de alimentação saudável e agora tinha tempo para cozinhar com calma. O meu primeiro carro foi um Toyota Corolla, ano 1996. Para os americanos, um carro velho e comum, acho que o mais popular de todos. Para mim, o primeiro carro da minha vida. Nossa, eu estava feliz com ele. Não me dava nada de prejuízo e, de gastos, era só troca de óleo e abastecimento. Então eu rodava, rodava com aquele carro para tudo que era lado; todo mundo achava velho e eu estava no Céu com ele. Eu ia para a casa das clientes de carro e assim economizava um bom tempo. O maior perrengue era mesmo no inverno, quando estava nevando e tinha que dirigir no gelo. Além disso, como o carro era velho, às vezes furava o pneu. Mas eu não tinha nada do que reclamar!

Nessa fase, a minha vida se ajustou, de fato. Eu comecei a ter uma rotina mais tranquila. Pude passar a trabalhar menos horas por dia ou na quantidade que eu achava ideal, porque fazia o meu horário. Então, se eu quisesse, trabalhava em três casas num mesmo dia para, no dia seguinte, poder fazer uma casa só. Ou fazia apenas duas casas para ter o dia mais longo e me dedicar a outras coisas. Eu conseguia organizar minha agenda. Mas, não se engane, como sempre trabalhei muito, mesmo podendo aliviar o ritmo, nunca fui uma pessoa de trabalhar três dias sim, e dois dias não. Eu sempre pegava uma ou duas clientes de outras pessoas para fazer.

Vejo que para chegar a esse estágio de mais conforto em minha vida foi importante trabalhar duro, prestar um serviço de excelência e também ser uma pessoa organizada financeiramente. Se eu ficasse deslumbrada e gastasse demais, certamente demoraria para ter uma melhor qualidade de vida e tranquilidade. Nos dois primeiros anos que vivi nos Estados Unidos, eu economizei muito dinheiro, porque ganhava muita coisa. Aqui, é surreal como as pessoas descartam produtos, roupas... enfim, muita coisa boa! Até mesmo peças com etiqueta ainda. Para ter uma ideia, pouco tempo atrás, eu estava andando na rua com o meu cachorrinho e vi uma cadeirinha de bebê, daquelas de colocar no carro, na rua, com etiqueta. Achei que alguém tinha esquecido. Passei mais um dia, dois e ela continuava no mesmo lugar. Estava mesmo no lixo. Hoje eu não preciso da cadeira e posso comprar na loja, mas não me contive. Peguei a cadeira e levei para a igreja, para doação. E achei quem precisasse. Não tive coragem de deixar no lixo. Então, no começo, eu não precisei ir à loja nenhuma para comprar sapato, roupa, cobertor, nada. Sempre fui uma pessoa muito econômica e gosto de administrar meu dinheiro. Vim de uma realidade muito simples, muito difícil. Então, isso fez com que eu não me deslumbrasse com o consumismo, porque não é possível esquecer das dificuldades e de como é desafiador lutar para ganhar dinheiro e poder ter as coisas.

Nos primeiros anos, eu ganhava tanta coisa que enchia caixas gigantes. Nas casas que eu trabalhava, as minhas clientes às vezes doavam roupas que estavam com etiquetas ainda e de marcas boas como NTaylor, Zara... Imagine! Lojas que no Brasil eu nunca teria acesso!

Tinha, claro, muita coisa que não me servia. Então, eu mandava para o Brasil, para doação. Naquela época, era viável fazer isso, pois os custos de envios não eram caros. Era muito fácil despachar cobertor, brinquedos, como bonecas Barbie e coisas que as crianças da minha cidade na Bahia não teriam chance de ter. Hoje eu gostaria de continuar a mandar, mas os custos aumentaram demais e não compensa.

Esse modo de viver, na generosidade, faz com que a gente queira retribuir. No meu caso, eu fazia isso preparando pequenos mimos na cozinha e levando para os meus clientes. Comecei a fazer isso com a Rosângela e estendi aos outros clientes da minha empresa. Sempre fazia alguma coisa que sabia que eles iam gostar. Pão de queijo, que nem todos os americanos conheciam, era um sucesso total. Eu também levava coxinha, pastel. Isso também abriu as portas para que eu começasse a criar um relacionamento com eles. Muitos queriam me conhecer melhor, saber da minha vida, mesmo sabendo que eu tinha dificuldade em falar inglês. Aos poucos, fui estudando, cheguei ao nível 5 do curso de inglês e passei a me comunicar melhor.

Falando inglês cada vez melhor, com mais tempo livre e gostando dessa interação com os americanos, passei a me dedicar à cozinha, que sempre me abria portas e sempre foi minha paixão. Vale dizer que, de todos os trabalhos de casa, o que eu sempre gostei mesmo de fazer foi o de forno e fogão.

Minha mãe sempre nos ensinou a fazer temperos caseiros com alho e tive a ideia de fazer para vender. Eu fazia os potinhos e vendia na escola, na igreja... Era um dinheiro extra que entrava e todo mundo amava as coisas que eu fazia. Isso fez com que eu me empolgasse e me sentisse estimulada a criar na cozinha. Foi então que as pessoas da comunidade brasileira passaram a me pedir: "Verô, você é do Nordeste, faz bobó pra gente, faz acarajé, faz tapioca!". Como negar pedidos assim? Comecei a fazer. Na igreja, fizemos amigos e o programa era convidar as pessoas para vir almoçar ou jantar em casa. Meu marido pescava e eu fazia moqueca de peixe. Só que era tanta gente que vinha me procurar que, com o que eu ganhava, não dava para comprar os ingredientes. Eu estava vivendo bem, mas sem fartura. Pagando as contas, ajudando a minha mãe no Brasil, ajudando um ou outro da minha família, ajudando o meu marido, tendo uma vida dentro da média do brasileiro que está aqui. Mas não tinha condições de fazer tapioca para tanta gente, nem cozinhar para tanta gente, porque era um custo muito alto.

De tudo o que eu cozinhava, a minha especialidade mesmo era a tapioca. As pessoas ficavam encantadas, maravilhadas, com o sabor daquele prato típico da minha terra. Gostavam tanto que não se contentavam em comer na minha casa ou nos eventos da igreja. Queriam comprar, levar para casa delas. "Ai Verônica faz pra mim, eu compro!" Eu não tinha nem tempo nem espaço para atender os pedidos daquela gente toda. Não tinha condições! A gente morava numa casa muito pequena. Um banheiro logo na porta de casa, uma sala bem pequenininha e cozinha minúscula. Se começasse a abrir exceção para um, já viu, teria que fazer para todos e não seria possível. "Não, eu não vou fazer!", afirmei, categórica, por um bom tempo. Mesmo assim, cada vez que eu cozinhava a tapioca para os amigos, eles voltavam a insistir.

Até que um dia, meu coração já estava amolecido, e eu me propus a pensar num jeito de satisfazer o desejo daquele povo todo. Resolvi encarar o pouco espaço da cozinha e cozinhar tapioca para um batalhão. Mas esse não era o único problema. Eu também não tinha condições financeiras de comprar os ingredientes na quantidade que seria necessária para fazer tanta tapioca. Ficaria muito caro. Então, resolvi vender. Pronto estava resolvido. Vendo tapioca para todo mundo e ninguém mais me pede! Sirvo todo mundo de uma vez e acabo o assunto. Aí um dia eu estava limpando uma casa e falo que, literalmente, foi o Senhor, o Espírito Santo que falou comigo: Por que você não faz tapioca para vender? E aí eu falei é, é uma ideia legal. Isso! Vou vender a tapioca. Eu vou fazer um dia de tapioca, vou vender tapioca para todo mundo e aí todo mundo para de me perturbar, pedindo tapioca em todo lugar que eu vou. Eu acho que eu tenho cara de tapioca. Aí voltei para casa e falei para o meu marido: Na quinta-feira vou fazer um post no Facebook e vou falar que eu vou vender tapioca. Vendo a tapioca e aí ninguém mais fica pedindo tapioca para a gente. Faz, acho que a gente vai vender umas 30 tapiocas. Tá bom. Fiz um post: Sábado vou vender tapioca. Lembro até hoje do que eu iria fazer: frango com catupiry, porque tem muito mineiro que vai gostar, vou fazer doce de leite e coco, doce de leite e queijo, que mineiro também gosta, e vou fazer de carne e queijo, que é uma coisa bem nordestina. Vou fazer essas quatro. Comprei uns pratinhos descartáveis, que eram bem baratinhos no Dollar Tree. Não sei se vocês conhecem essas lojas de Dollar Tree, Loja de 1 Dólar, que agora não é mais nem 1 dólar, é 1,25, mas ainda existe. Continua lá: Dollar One. Aí eu fiz e foi uma loucura: "Eu quero, eu quero"... eu sei que nós vendemos 80 tapiocas no primeiro dia e aí já ficou uma lista de espera para o outro dia.

Um dia, eu estava limpando uma casa, era uma quinta-feira, quando o Espírito Santo falou comigo, trazendo uma ideia nos meus pensamentos: "Divulgar no Facebook a venda da tapioca". Achei uma boa ideia e, no mesmo dia, fiz um post contando que, atendendo a pedidos, no sábado eu venderia tapioca. Nas minhas contas e nas do Adriano, uma produção de 30 tapiocas estava bom para matar a vontade de todo mundo. Para meu desespero, erramos feio na previsão e, naquele sábado, vendi 80 tapiocas. Quase fiquei doida. Sozinha na cozinha, fazendo uma tapioca atrás da outra. Daquele dia em diante, nunca mais consegui parar de vender tapioca.

Comecei fazendo as tapiocas recheadas – tenho até hoje as fotos e o caderno dos primeiros pedidos. As primeiras eram embaladas num pratinho descartável, embrulhado no papel alumínio, porque eu não tinha embalagem. Não comprei nada, porque não tinha dinheiro para investir. Comecei com 30 dólares. Para dar conta das faxinas e das tapiocas, meu dia começava cedo. Eu acordava às 3h da manhã para fazer a preparação toda. Como não existia o farelo da tapioca pronto nem no mercadinho brasileiro dos Estados Unidos, eu comprava a fécula de milho que achava por lá para fazer, digamos, essa matéria-prima da tapioca. Depois, fazia as porções individuais em que eu colocava recheio. A entrega ficava por conta do meu marido que rodava toda a região. Eu saía de casa para fazer faxina e, lá pelas, 7, 8 ou 9 da noite, dependendo do dia e da hora que chegava em casa, eu lavava todas as panelas e arrumava a cozinha. O retorno da tapioca só crescia. Logo, comecei a ser convidada para fazer eventos, como rodeios brasileiros, shows brasileiros... Com isso, precisei fazer uma escolha. E fui parando gradativamente com a limpeza. Fui diminuindo e ficando só com as melhores clientes, até o dia em que completei a minha agenda da semana toda com tapioca. Logo depois disso, fiquei grávida. Era janeiro quando descobri que estava esperando um bebê e, em março, houve um rodeio muito grande em que participei. Fiz mil tapiocas, ficando em pé o dia inteiro, no terceiro mês de gravidez, sem poder ir ao banheiro, porque a fila para comprar tapioca era gigantesca. Quando já estava no final, o povo falava: “Por favor, me vende pelo menos o queimadinho da panela, porque eu quero tapioca”. Só que não tinha mais. Foi naquele dia que, de fato, um grande público conheceu a minha tapioca.

"Eu não conheço ninguém que tenha chegado ao topo sem muito trabalho. Essa é a receita. Nem sempre você vai chegar ao topo, mas vai chegar bem perto"
tapioca
da
baiana

CAPÍTULO 6

Um negócio próspero

No início, ninguém me ajudava. Da preparação da matéria-prima, passando pelo preparo dos ingredientes, à limpeza da cozinha, tudo era eu que fazia. E meu marido entregava as encomendas. Como não existia o farelo de tapioca para vender nem no supermercado brasileiro, eu comprava a matéria prima, que era a fécula, para poder fazer a goma de tapioca. Com a goma era que eu fazia as tapiocas recheadas. E aí começou o desafio. Eu não vencia fazer as tapiocas. É como dizem: eu tive um problema bom, que foi a demanda pela tapioca crescer. Começou uma demanda tão grande, mas tão grande... que eu calculava a compra de ingredientes para fazer oitenta unidades e não era suficiente. Tinha que fazer mais oitenta e depois mais oitenta. O que não dava para concluir num dia, eu deixava para o dia seguinte.

Naquela época, ainda não existia WhatsApp. Então, o pessoal me ligava para encomendar. Os pedidos eram feitos basicamente pelo telefone. E era também eu mesma quem atendia as ligações e anotava tudo. Até hoje, eu tenho o caderno em que eu registrava os pedidos e isso rende uma boa recordação desse começo. Sei até quem foi primeira pessoa que comprou a minha tapioca. A partir de um momento, não eram só amigos e conhecidos que encomendavam. Pessoas que comeram a tapioca numa feira, por exemplo, começaram a entrar em contato comigo. E havia os organizadores de eventos com shows de cantores famosos da época que queriam que eu participasse com a minha tapioca. Eu era a única pessoa no país que fazia tapioca, imagine! Foi virando uma bola de neve cada vez maior. Eu chegava no evento e ali havia 500 pessoas. Então, essas 500 pessoas me conheciam, viam a tapioca e me pediam o contato. Na mesma semana, após o evento, já choviam pedidos. Vinham pessoas de todos os estados que ficam ao redor do estado de Massachussets, onde está Boston, comprar comigo.

Então, o Senhor começou a falar comigo: "É tempo de você parar de trabalhar na limpeza". Estava bem claro isso, mas eu tinha tanto amor por aquela minha companhia de faxina, pelos meus clientes, que estava difícil tomar aquela decisão. Eu sempre tive um carinho pelo trabalho de faxina porque foi através dele que eu conquistei as primeiras oportunidades nos Estados Unidos. Foi uma porta que Deus abriu na minha vida. Mas a gente precisa entender que, às vezes, Deus tem algo melhor e maior para nós. E não conseguimos ver, porque o nosso apego às pequenas coisas que Ele mesmo nos deu, ou às pequenas coisas que nós construímos, é tão grande que faz com que a gente fique cego. É como se passássemos uma fita nos nossos olhos para não ver o quanto Deus tem a mais para nos dar. A nossa limitação é tão grande... e a nossa mente é tão pequena... que não vemos que Deus tem rios, Ele tem fontes maiores para nossas vidas. Nos recusamos a ver por estarmos apegados às pequenas coisas. Eu senti isso na pele! Eu não queria, de jeito algum, deixar a faxina. "Eu vou fazer tapioca só sábado e domingo! Não vou deixar os meus clientes que eu construí, por quem eu tenho tanto amor e que me tratam tão bem", eu dizia para mim mesma e para quem quisesse ouvir, com toda a minha convicção. E eu estava mesmo certa disso, porque não achava justo fazer aquilo com eles. Afinal, foram pessoas que me acolheram no país, pessoas que me tratavam como se eu fosse da família. Mas o Senhor continuou falando comigo: "Você vai deixar. Você precisa deixar. É tempo de você deixar. É tempo de você dar um segundo passo. É tempo de você ir para novos desafios."

Dar o passo que Deus estava dizendo para eu dar me tirava da zona de conforto. Era um lugar que eu lutei para estar, depois de tantos desafios, e isso também me deixava reticente. Eu tinha os meus clientes e não me faltava trabalho. Eu já tinha dinheiro para viajar, sabia falar inglês ali, com eles... O que mais eu poderia querer? Aquela vida estava excelente para mim. E aí, veja como o ser humano é complicado. Além de não aceitar o que Deus lhe diz, ele ainda quer negociar com Deus. Como sou ser humano, lá estava eu com essa postura, questionando e tentando mostrar para Ele que o que tinha que prevalecer era a minha vontade. Era como se eu dissesse: "Deus, sou eu que mando e não o Senhor". Então, eu tive uma ideia e fiz um combinado com Ele. "Deus, vou fazer o seguinte: vou tirar aqueles clientes que são mensais, quinzenais, aqueles que não são tão bons ou que não conheço direito. Só vou tirar esses. Mas com os outros eu vou ficar. Então, agora vai ser assim, vou trabalhar só de segunda a quinta na limpeza e fico sexta, sábado e domingo com a tapioca. Está tudo certo, estou felizona aqui. Está nota 10". Vou te contar uma coisa: há situações que não tem negociação e o Senhor simplesmente não vai aceitar. No meu caso, fui sendo espremida, fui sendo consumida pelos pedidos de tapioca. Chegou uma hora em que tive que parar de fazer faxina na quinta também. Juntei as faxinas em menos dias da semana e peguei uma ajudante para darmos conta de limpar as casas em menos dias.

"Gostaria que você soubesse que
existe dentro de si uma força
capaz de mudar sua vida.
Basta que lute e aguarde um
novo amanhecer"
tapioca
da
baiana

CAPÍTULO 7

A compra do restaurante

Eu não podia mais tapar o sol com a peneira. O negócio da tapioca era muito promissor. Estava bem maior do que meus olhos queriam ver. E do que poderia caber na minha cozinha apertadinha. Então, eu comecei a pensar que não podia mais fazer tudo ali. Não cabia e, mais importante que isso, eu sabia que não era correto. Nos Estados Unidos não é permitido ter uma cozinha para fins comerciais em casa, sem estar dentro das normas estabelecidas, com os selos de qualidade e autorizações para operar. Eu corria o risco, inclusive, de ser denunciada por uma ilegalidade, por trabalhar de forma incorreta. Para resolver mais esse problema eu tinha duas opções: ou parar de fazer tapioca ou ir atrás para me legalizar nisso. A primeira opção estava fora de cogitação, porque eu amava trabalhar com aquilo. Então, me restou a segunda e única alternativa. Ver como é que se faz um negócio de comida dentro das leis americanas.

Não teve jeito. Deus me fez sair de novo da minha zona de conforto. Eu não conhecia ninguém que já tivesse feito isso nos Estados Unidos. Na comunidade brasileira da minha cidade, parecia que eu era a primeira a ir atrás dessas informações. Tive que ser desbravadora, porque não tinha ninguém para me ajudar. E não era só ajuda que faltava. Eu precisava de dinheiro, muito dinheiro. Era muito caro tirar a papelada necessária. Eu pesquisava, pesquisava, ia atrás e não dava certo. Até que eu consegui fazer os meus dois primeiros certificados.

Esses doiseram essenciais. Àquela altura, eu já estava embalada no negócio da tapioca e resolvi procurar um ponto comercial. Na minha cabeça, eu abriria uma tapiocaria, um lugar pequeno para começar a expandir, porque era o que eu tinha condições.

Comecei a rodar a cidade para procurar. Depois que saía da faxina da última casa do dia, eu dirigia pelas ruas próximas à minha casa, e também rumava para outros lugares, mais distantes, a fim de achar um imóvel que tivesse uma placa de "Aluga-se". De preferência, que fosse um espaço já preparado para o tipo de negócio que eu tinha. Mas estava difícil de achar! Eu estava grávida e ficava cansada com aquele ritmo de faxina e peregrinação para achar um imóvel. Mas nunca fui de fazer corpo mole. Houve um dia em que eu contei para o pastor da minha igreja que eu queria abrir uma loja e que já tinha olhado várias e tal... Então, ele virou para mim disse: "Verônica, deixa eu falar uma coisa para a sua alma: te aquieta. Você não tem que andar segundo os desejos da tua alma, você tem que andar segundo o coração do Senhor. Veja tudo o que Deus já tem feito na sua vida. Tenha certeza de que Deus vai preparar um lugar para você. E ele vai te surpreender. Para de ficar rodando o mundo inteiro, procurando um ponto, porque o Senhor vai encontrar um lugar para você".

Certo dia, eu fui a uma cidade ver um ponto. Estava vestindo uma calça legging preta e uma camiseta branca, que era a roupa que eu usava para fazer limpeza. Cheguei lá e vi que o espaço não tinha uma cozinha preparada como eu desejava. Aí eu comentei com o corretor da imobiliária que eu queria um local que já tivesse fogão, exaustor... porque é muito caro um exaustor industrial em torno de 20, 30 mil dólares. E pensei comigo: "Imagine, eu não tenho nem 20 mil. De onde vou tirar dinheiro para pagar um exaustor?" Mas não disse nada dessa parte para ele. Aí, o homem, que estava todo arrumado, de terno, me olhou de cima a baixo e falou que na minha cidade tinha um ponto à venda, mas que eu não tinha dinheiro para bancar a compra. Se eu tivesse, ele me levaria ao local. Fiquei brava, porque percebi que ele concluiu a minha situação financeira baseado na minha roupa. Mas fiquei na minha. Como estava curiosa e bem interessada num ponto que pudesse ser pertinho de casa e com tudo o que eu queria, só perguntei a ele onde era o ponto que estava para alugar. Ele me contou que era o imóvel onde funcionava um negócio de comida, que chamava *Joa Take Out* – e era Joa, de Joana. Na hora, fiz a conexão. A dona de lá era amiga da minha manicure. Resolvi ligar para a moça e pedir o contato da mulher para tentar ir ver o local.

Liguei para o meu marido e falei: "Adriano, sabia que o lugar onde funcionava aquele *take out* está à venda?" Ele também não sabia. E a gente morava, literalmente, na rua da frente do restaurante! Eram apenas dois minutos da minha casa. Fiz as minhas conexões. Peguei o telefone da proprietária com a manicure. Marcamos de ela vir conversar comigo, na minha casa. Contei para o Adriano, que me desanimou na mesma hora, dizendo para eu nem ficar com expectativas altas, que aquilo não daria certo. "Verô, esquece, você anda nas nuvens, você não pisa no chão, você pisa nas nuvens. Como pode estar querendo comprar aquele ponto? É na rua principal, um dos pontos mais desejados de qualquer empreendedor, de qualquer investidor e você quer? Você quer comprar aquilo?", ele me perguntou, tentando me fazer cair na real. Mas eu já estava mesmo nas nuvens, sonhando. Não sabia quanto custava, mas queria saber. Vai que dá certo, pensei comigo. A dona do imóvel chegou na minha casa toda poderosa. Ela tinha ponto há oito anos, já tinha condição financeira, já havia tentado vender o ponto uma vez e não tinha dado certo. Como estava, digamos, um pouco traumatizada com o fracasso da tentativa anterior de venda, foi taxativa. Disse o preço. E falou que eu teria que pagar à vista, sem essa de parcelar. "Eu não vou dividir, porque eu já vendi para uma pessoa uma vez e deu errado. Agora eu não vou vender para parcelar. E é isso. E não vou baixar o preço. É esse o valor e ponto". E eu, bem simplesinha, disse ok, mas fiquei firme. Combinei com ela que conversaríamos de novo no dia seguinte. "Vou orar, falar com o meu esposo e amanhã eu te dou uma resposta".

Na verdade, eu só queria era ganhar tempo, porque a verdade é que eu não tinha o que pensar. A resposta seria não, pois eu não tinha aquele dinheiro. Tudo o que eu havia economizado dava no máximo 10 mil dólares e o imóvel custava 100 mil dólares. Onde eu encontraria o restante do dinheiro? Liguei para o meu marido e ele reafirmou o mesmo pensamento: "Esquece, você está louca. Vai fazer o quê? Vai entrar numa dívida desse tamanho?" Ele estava pensando com a cabeça da lógica, sendo sensato. Meu marido trabalhando com pintura e eu na limpeza, a gente só pagava nossas contas e sustentava os nossos familiares no Brasil e mais nada. Mesmo assim, algo me fez insistir. E esse algo não era algo qualquer. Era Deus e a palavra que Ele havia me dado. Deus tinha falado que me entregaria algo muito grande e que não era para eu me preocupar com os mínimos detalhes. Não era para eu desanimar se as pessoas falassem para mim que não daria certo. Porque não era sobre mim. Era sobre o Senhor. Ele encaminharia tudo, porque não era para minha vida exclusivamente que estava agindo. Era porque muitas vidas, muitas pessoas seriam transformadas através do meu trabalho. Então, não era para eu me preocupar. E eu contei isso para o Adriano, disse que Deus tinha uma palavra. "Eu não tenho dinheiro, mas tenho uma palavra que Deus me deu lá atrás. Estou confiando nela. Se for da vontade do Senhor, vai ser esse, sim. Não é sobre dinheiro, eu sei que eu não tenho, não sei onde vai ter, onde eu vou encontrar... Mas se for isso que Deus tem para nossa vida, ele vai encaminhar e resolver toda essa parada", disse. Quando eu falei isso, o meu marido ficou em estado de choque, porque eu falei com autoridade. "Vou orar e amanhã eu vou dar a resposta pra ela", completei. Passei aquela noite inteirinha orando, pedindo a Deus para me mostrar os Céus e não me deixar. "Abre, Jesus, não permita que eu seja envergonhada. Cumpra na minha vida todas as palavras, todas as vírgulas que o Senhor me entregou. Não para que a Verônica seja a tal, mas para que o Seu nome seja reconhecido através da minha vida e que, através dessa palavra, muitas pessoas sejam restauradas. Que muitas vidas possam ser transformadas, porque vão ver que o Senhor é um Deus que pode todas as coisas mesmo em terras estranhas, mesmo em idiomas estranhos."

No dia seguinte, meu marido demostrou que considerou o que eu havia falado, porque veio com uma ideia. Se a proprietária dividisse o valor e diminuísse pelo menos uns 20 mil dólares, a gente podia pensar. Agora, qual era a probabilidade de a mulher baixar 20 mil dólares? Ela já tinha me falado que não ia diminuir. Além do mais, 20 mil dólares era um valor alto, ainda mais naquela época. Como eu ia chegar para ela e fazer essa proposta? Eu nunca fui uma pessoa de baixar o valor dos outros. Ainda mais baixar muito! Mas era tentar essa negociação ou nada. Fiz, então, conforme havia combinado com ela. Disse que estava ligando para dar uma posição, uma resposta como havia prometido. Falei que tinha orado, conversado com meu marido e que eu não podia assumir o valor. Disse também que sou uma pessoa que, quando assume um compromisso, assume a qualquer custo e que ela não precisaria se preocupar. Antes mesmo de eu terminar a minha fala, a mulher me interrompeu com uma proposta que só pode ter sido inspirada por Deus: "E se eu estiver disposta a diminuir 25 mil e dividir em quantas vezes você quiser?" Deus soprou no ouvido dela, sei lá. Alguma coisa aconteceu da noite para o dia que ela mudou de ideia.

Eu não cheguei a pedir para ela dividir. Na verdade, eu nem ia pedir para ela dividir e nem para diminuir. Eu simplesmente completaria meu raciocínio dizendo que, por não ter o dinheiro, ia desistir do negócio. Com aquela reviravolta, não pensei para responder. Quando vi, já tinha saído da minha boca: "Então, o restaurante é meu." Eu não tinha o dinheiro. Mas tive ali, a resposta de Deus. Então, recorri à única alternativa que eu tinha: a Rosângela, minha cliente que, àquela altura, tinha virado minha amiga. Eu ainda limpava a casa dela e a gente já estava mais próxima, ela já frequentava a minha casa também. Só que eu não tinha coragem de ligar para ela e pedir o dinheiro. Falei com o Adriano: "Você vai ligar para o marido dela, contar que nós estamos comprando um restaurante e que vamos precisar de um dinheiro de novo. Como nós pegamos o dinheiro e pagamos, temos crédito. Eles sabem que podem confiar." Só que agora não seriam mais 10 mil dólares. Precisaríamos de 30 mil para dar uma entrada e dividir o restante em sete meses. Os 10 mil que eu tinha, eu queria guardar para comprar estoque, porque o restaurante que eu comprei não tinha nenhum material para começar. Aí o Adriano, que já tinha embarcado nas nuvens comigo, ligou para o Roberto Luiz que topou na hora e disse que a gente poderia ir pegar o dinheiro quando quisesse. Glória a Deus! Estava tudo certo. Faltava pouco para fecharmos o negócio!

Quando cheguei para fazer o contrato, me pediram o Social Security, que é como o CFP no Brasil. Na época, eu não tinha aquele documento. Tinha apenas o *ITIN Number,* um código que o governo americano fornece para que estrangeiros, que tenham algum tipo de rendimento no país, possam fazer sua declaração de imposto de renda de pessoa física. Então, me disseram que eu precisava de uma pessoa para ser responsável por mim, como um fiador. Eu falei que não tinha. Eu até podia pedir para o Luiz e a Rosângela, se eu quisesse, mas isso eu não queria pedir. Se Deus ia entregar nas minhas mãos o restaurante, e não na mão de outro, eu não precisava de ninguém para ser o responsável. O filho tem liberdade na casa do pai. A gente não chega na casa dos pais e pergunta se pode abrir a geladeira? Não tem isso. Com Deus, que é nosso Pai, existe a mesma liberdade. E foi por isso que falei com Ele novamente: "Deus, você falou que ia me entregar. Então, se esse restaurante não puder ser vendido no meu nome, eu também não quero. Mesmo que agora eu já tenha conseguido o dinheiro, eu desisto. Se o Senhor quiser me dar um Social, o Senhor vai me dar um Social, eu recebo e aceito e é muito bem-vindo, mas nesse momento o que eu tenho é o *ITIN Number*".

Voltei para casa sem negócio fechado, sem contrato assinado, mas voltei tendo a certeza de que Deus faria algo, porque se o Senhor já tinha providenciado o dinheiro, a mulher já tinha baixado o preço... Já tinha acontecido tanta coisa que parecia impossível não dar certo. Então, no outro dia, o americano me ligou dizendo que andou fazendo umas pesquisas sobre meu marido e eu. Como não tinha encontrado nada de errado no meu nome, ele tinha decidido fazer o negócio com o meu *ITIN Number* mesmo. Gente, ninguém acreditava no que eu estava vivendo naqueles dias! As pessoas próximas, os amigos próximos que sabiam e estavam acompanhando, ficaram chocados. Eles não acreditavam nas reviravoltas e em como os nós iam sendo desafeitos e as coisas se encaminhavam para dar certo. E eu falava: "É Deus, é Deus purinho na Terra. Eu não preciso que vocês acreditem nas coisas que o Senhor vai fazer, porque Ele já falou que vai fazer". Então, nós somos aquilo que Deus diz que nós somos. Quando você tem uma identidade definida, quando você sabe quem você é em Deus, não importa o que as pessoas vão dizer. Não importa o que as pessoas vão falar, nós temos que dar um caminho, um passo para trás para viver coisas inesperadas em Deus. Eu tinha recebido uma palavra do Senhor e, quando nós recebemos essa palavra, o que ele diz acontece em nossa vida.

CAPÍTULO 8

Estruturando o meu business

Toda a reviravolta que me levou a trabalhar exclusivamente com comida aconteceu muito rápido. Apesar de tantas coisas terem acontecido, tudo se resolveu em apenas seis meses. Eu comecei a vender as primeiras tapiocas para os amigos em novembro, e parei de limpar as casas em abril. Em junho, abri o restaurante que eu tenho até hoje. O passo seguinte foi estruturar o meu *business,* o meu negócio recém- adquirido.

Naquela fase inicial, eu entrei de cabeça, sem saber das consequências e as responsabilidades que teria dali para frente. Fui mesmo levada pelas mãos de Deus a realizar toda aquela transformação. Eu tinha muita fé de que estava no caminho, até porque tudo estava se abrindo para mim, mas nem tinha ideia de que os planos de Deus para a minha vida mal haviam começado. O meu desejo inicial era transformar o restaurante em uma local para vender a tapioca, mas não foi o que aconteceu. O negócio que já funcionava no local era de comida brasileira. Já tinha uma clientela assídua e não dava para, simplesmente, parar de fazer arroz, feijão e tudo o mais da cozinha brasileira para vender exclusivamente o meu produto. Então, acabei incorporando a tapioca no cardápio e continuei tocando o negócio. Das decisões que tive de tomar logo no início, posso dizer que essa estava na categoria "fácil".

Ter, enfim, o meu restaurante, com uma cozinha adequada para trabalhar estava previsto e era maravilhoso. Mas de carona vieram as pessoas, uma equipe inteirinha para eu cuidar e eu não sabia nada sobre gestão. Confesso que não tive muito tempo para pensar em como daria conta daquilo, porque havia muito trabalho a ser feito. O primeiro dia foi um desastre. Por mais que você faça um milhão de perguntas ao vendedor, tem coisas que acabam passando despercebido. E o fato de ter passado dois meses acompanhando a operação, antes de assumir oficialmente o negócio, me poupou de alguns sustos e perrengues. Uma coisa é você ficar vendo como as coisas funcionam, tirar dúvidas. Outra bem diferente é colocar a mão na massa e praticar. É aí que surgem as dúvidas. Eu participava do dia a dia do negócio, desde abril. Mas foi em junho, quando fiquei por minha conta e risco, que vi que o buraco era mais embaixo e que eu teria que me virar para entender certos detalhes que deixei passar, por ser uma marinheira de primeira viagem. Um desses "detalhes", que só me dei conta depois, era de que tudo ali ainda era feito manualmente, todos os sistemas eram manuais. Isso significava que eu não tinha ajuda de nenhum programa de computador para facilitar a vida e a organização das contas. No primeiro dia, foi um drama, na base do erro e acerto – mais erro do que acerto – para conseguir fazer o fechamento das contas.

Para completar, eu estava grávida. Nossa, gente, sem palavras para esse momento que era de total realização. Eu teria uma filha e tinha acabado de comprar meu restaurante, mas, ao mesmo tempo, eu estava correndo e trabalhando como nunca.

Entrava de manhã para fazer a preparação do restaurante. Às 10h30, o restaurante abria e então eu ia para a recepção, atender os clientes. Passava o dia resolvendo tudo e, à noite, eu fechava os caixas, porque tinha o caixa do restaurante que atendia presencialmente e o caixa do *delivery*. Todo dia era a mesma coisa. Então, tudo o que você puder imaginar aconteceu no primeiro dia ou na primeira semana. Afinal, é no dia a dia que acontecem os imprevistos. Cada coisa que dava errado era um desespero, literalmente. Mas, ao mesmo tempo, eu não podia demonstrar para a equipe que eu estava desesperada e que eu não sabia o que fazer. Isso causaria muita instabilidade – mais instabilidade ainda. Então, uma das soluções era ligar para a antiga dona e pedir ajuda. Como faço isso aqui? Como eu faço aquilo? Ela me orientava e tal. Mas não dava para ficar ligando o tempo todo. Então, para muitas questões eu também recorria à internet. Corria lá para o Youtube para pesquisar. Como funciona tal equipamento... Onde encontrar um produto X... Tal equipamento quebrou. Como arruma? O Google era o que eu tinha mais à mão para o momento, porque, na verdade, eu não tinha por perto ninguém com mais experiência que eu. Não tinha uma amiga que fosse dona de outro restaurante, não tinha uma amiga que tivesse passado pela mesma experiência que eu estava passando, não tinha um profissional na equipe que soubesse de tudo. Além disso, eu não tinha dinheiro no caixa para investir e contratar alguém especializado naquilo tudo. Então, eu tinha que dar um jeito, fazer acontecer. Por um lado, isso foi muito bom, porque quando você tem alguém para resolver, acaba ficando na sua zona de conforto. Quando você tem dinheiro para pagar, você fica na sua zona de conforto. Se bobear, paga sem nem saber o que foi feito. Com isso, você não aprende. Minha situação fez com que eu aprendesse muitas coisas – o que eu não sabia, tive que correr atrás.

Em outubro, eu tive minha filha, que foi uma alegria imensa. Mas, passei por mais um desafio. Tive eclampsia pós-parto, episódios repetidos de convulsões, que me levaram a ficar em coma. De novo, o Senhor fez um milagre na minha vida e me recuperei. No entanto, quando eu saí do hospital, o médico me prescreveu algumas medicações e me disse que eu teria que tomar aqueles remédios para sempre, porque minha pressão tinha se desestruturado. Além disso, meu rim tinha ficado com sequelas e meu fígado também. Para mim "pra sempre" era muito tempo. Ainda mais para quem tem fé em Deus. Então eu respondi para o médico: "Você fala que eu vou tomar para sempre, mas Deus fala que eu não vou tomar para sempre". Talvez o médico tenha pensado que estava diante de uma mulher meio maluca, para estar assim, questionando o conhecimento dele. Mas não me importei. Depois do parto e de medicada, com a questão da eclampsia controlada, eu voltei para o restaurante com a Maria Vitória no carrinho. Era tocar o restaurante, amamentar, trabalhar, descendo e subindo escadas para trocar a menina, o dia inteiro. Minha filha foi trabalhar comigo até o mês de março, quando ela tinha cinco meses. Então, consegui arrumar uma babá, e minha rotina ficou um pouco mais estabilizada.

Eu pedia todos os dias para me livrar daquela medicação que era de controle da pressão. Tinha vezes que esquecia de tomar, saía para resolver as coisas do restaurante e a minha pressão subia. Eu tinha que correr para o hospital. Aquilo me deixava muito frustrada. Mas todos os dias, todos, sem exceção, eu falava assim: "Deus, é a última vez. É a última vez porque o Senhor não me curou pela metade. O Senhor me curou por completo e eu não aceito tomar mais remédio, eu não gosto, eu odeio esse remédio". Cheguei a tomar uma das medicações receitadas no pós-parto por 17 meses, que foi a que usei por mais tempo.

Entendi, logo de cara, que ter um restaurante com tudo direitinho dos Estados Unidos é muito complexo. É preciso entender as leis para trabalhar dentro da legalidade. Então, a minha maior preocupação era fazer tudo funcionar redondinho, de acordo, e isso era uma corrida contra o tempo. Afinal, o restaurante que eu comprei não estava com tudo em ordem. Para mim, era motivo de nervosismo abrir as portas correndo o risco de passar uma fiscalização e descobrir que havia algo de errado. Eu morria de medo. Afinal, antes de ter um negócio nos Estados Unidos – e mesmo depois de ter, sem saber como as coisas funcionam de verdade – a gente acha que os órgãos estaduais e as pessoas que trabalham na fiscalização estão contra você. Essa era a visão que eu tinha. Mais tarde, fui entender que, na verdade, eles trabalham a seu favor. Mas isso foi depois. Quando eu precisei tirar os primeiros registros, fui muito apreensiva, com a cara e a coragem. Com muito medo, medo de tudo. Medo do meu inglês não ser bom o suficiente para me fazer entender, medo de chegar lá e falarem que eu tinha que fechar as portas até deixar tudo regularizado, medo de eles me proibirem de trabalhar, tudo quanto era tipo de medo passava pela minha cabeça. Mesmo assim, enfrentei a minha insegurança. Um dia, cheguei na Prefeitura da minha cidade e expus a situação. Contei que tinha comprado um restaurante e que tinha muita coisa que eu precisava deixar em ordem e não sabia como fazer. Disse que minha intenção era trabalhar da maneira correta, só que muita coisa eu não sabia e precisava que eles me orientassem. Então, fui vendo que eles estavam trabalhando ao meu favor, que eles estavam ali para me dar suporte e ir me orientando. Você faz assim, faz assado, procura assim... Esse equipamento aqui está dentro da lei, se for assim... Aos poucos, vi que as coisas foram ficando mais fáceis, porque eles me ensinavam o que deveria ser feito e que não estavam ali para me multar.

Entendi que a mentalidade americana é ajudar quem gera emprego e faz o país crescer. A única coisa que eles exigem, que é o interesse maior deles, é que o empreendedor trabalhe de forma legal, de acordo com as regras deles. E fornecem tudo para isso acontecer. Vão até o seu estabelecimento, dão suporte e ensinam, mandam material, mandam planilhas, cartilhas, entregam todo o material para você aprender. Tive até a opção de escolher o material em inglês, português ou espanhol, porque a comunidade brasileira é muito grande, na cidade em que moro. E na rua onde trabalho, 80% dos negócios são de brasileiros. Então o que movimenta a cidade e o que a levantou foi o comércio brasileiro. Aliás, foram os brasileiros. Framingham era uma cidade meio que abandonada, com muitos drogados, ruas desertas e então a comunidade brasileira foi chegando, abrindo negócios, salões de cabeleireiro, mercados e foi movimentando o comércio, movimentando a cidade. Por isso, os Estados Unidos criaram um suporte para a comunidade brasileira.

Uma das coisas que os americanos mais se preocupam é quanto à qualidade dos alimentos. Nos estados Unidos, eles fazem pesquisas para tudo e sabe-se que a cada três minutos uma pessoa chega a um pronto-socorro com uma emergência, devido à intoxicação alimentar. Os números também dizem que muitas delas foram a óbito. E acontece de tudo! Tem desde o caso da pessoa que tinha alergia a um certo produto e comeu sem saber que poderia fazer mal, à ingestão de uma comida estragada, que não foi conservada da maneira correta ou foi feita com ingredientes mal escolhidos. Enfim, o mercado da alimentação é muito complexo, muito detalhado e pode ser muito perigoso, também. Então, é uma responsabilidade muito grande trabalhar com comida. Por causa disso, a questão da higiene dos locais de preparo e de conservação dos produtos, da organização do estoque e das condições dele – uma das coisas mais graves quando os fiscais vêm fazer inspeção é a questão da temperatura da alimentação – são checadas com bastante critério. Eles não querem saber se a porta está limpa, se o chão do restaurante está limpo, essas coisas que a gente que é brasileiro e gosta de limpeza acha importantes. Colocam mesmo o olho no que, de fato, pode ser arriscado para a saúde das pessoas que vão consumir aquele alimento. Então, eles se preocupam muito com a relação à temperatura, à organização, onde cada produto está armazenado... enfim, a conservação mesmo para poder garantir que nada está estragado. É preciso que tudo isso esteja de acordo com a lei para que eles aprovem o funcionamento do estabelecimento. Era com isso que eu estava preocupada. Quer dizer, era também com isso!

Por conta da venda da tapioca, antes mesmo de adquirir o restaurante, eu já tinha passado por uma Certificação, que é nacional. Com ela, recebi um treinamento sobre temperaturas, armazenamentos, alergias e tal. Isso era necessários para que eu pudesse trabalhar nos eventos – por mais que eu estivesse trabalhando na cozinha da minha casa, já estava adequada às regras. Além do mais, eu sabia que, mais dia menos dia, o negócio iria crescer e era importante que já estivesse preparada. Então, eu já estava por dentro dessa parte. O problema é que assumi um restaurante em que os funcionários não tinham passado por esses treinamentos. Fui lidar com uma equipe que não tinha a menor noção do que era exigido por lei nos Estados Unidos, um time que tinha uma cultura mais no estilo do "jeitinho brasileiro", pois a ex-proprietária havia treinado sua equipe para ser assim. E não só com o que diz respeito às Certificações. A parte de contabilidade, de fluxo de caixa... tudo era feito de uma maneira pouco transparente. Como os fechamentos de caixa eram manuais, eles conseguiam burlar e não declarar tudo o que era vendido. Meu Deus, como fazer essa equipe parar de agir como agia há anos e fazer diferente? Como mudar toda uma cultura de um time que estava ali, antes de mim? Como convencer e fazer com que meu jeito fosse respeitado e adotado? Era muito difícil. Porque eu explicava a forma correta e bastava eu virar as costas para eles voltarem a fazer da forma que eles estavam acostumados. E agora, vou fazer o que? Como é que eu vou lidar com isso aqui?

Sabe aquelas situações em que fica mais caro consertar do que comprar um novo? Com algumas das pessoas que eram da equipe eu cheguei à essa conclusão. Não adiantaria falar mil vezes, fazer um milhão de treinamentos. Aqueles colaboradores não tinham vontade de mudar. Não tive outra saída a não ser ir trocando as pessoas que se mostravam resistentes a seguir o novo jeito – certo – de trabalhar. Porque eu sempre quis trabalhar de forma correta, eu sempre quis ter uma equipe incrível e seguir corretamente as leis americanas. Eu nunca quis ser aquela pessoa que vai para os Estados Unidos para fazer coisas erradas, para fazer e acontecer, burlar as leis, tirar proveito do governo, do imposto. Se estou aqui, se eu decidi morar aqui, não é o governo que tem que se adaptar às minhas regras. Sou eu que tenho que me adaptar às regras, eu estou no país deles. Então, nunca tive essa fala de concordar com o jeito deles e decidir fazer diferente. Se uma pessoa não concorda com isso ou aquilo, melhor voltar para o Brasil e seguir a sua vida no local onde concorda com as regras. Nos Estados Unidos é assim: você tem que seguir uma regra, e aquela regra é para livrar você de vários problemas.

Quando eu passei a seguir a cartilha americana, tive muitos problemas com a minha equipe. Isso porque a maioria dos meus funcionários que, até hoje, são todos brasileiros, vinham de uma cultura totalmente diferente. Para você ter uma ideia, tive dificuldade de mostrar que eles precisavam ser pagos no *pay roll,* que fica dentro de um sistema. A grande maioria não queria, preferia, só receber em *cash,* dinheiro vivo, para não declarar. Então, até isso eu tive que os treinar; levar empresas especializadas para dentro do restaurante, para colocar esse novo modo de agir na cabeça deles. Nos Estados Unidos, uma regra é clara: faça a coisa certa que o resultado positivo vai voltar para você. Você tem escola para os seus filhos, você tem plano de saúde, você tem as ruas asfaltadas, você tem uma emergência de um hospital se precisar ir, você tem dentista. E mesmo assim não quer pagar imposto? Isso não faz sentido. Então, eu fui treinando as pessoas e ficaram comigo aquelas que se adaptaram.

Outro ponto que também me fez conhecer quem era quem na minha equipe foi a questão do trabalho por hora. Aqui, as pessoas ganham por hora trabalhada e cada uma faz o seu controle. Mas dá para saber quem está querendo tirar proveito e aumentar as horas trabalhadas para ganhar mais. Sempre fiquei de olho, mesmo que para mim, um minuto ou dez minutos não fossem fazer diferença. Mas o que estava em jogo não era o dinheiro, mas sim o caráter. Uma pessoa que quer tirar proveito de um minuto, pode tirar proveito de 100 dólares, mil dólares. Na primeira oportunidade, vai te passar a perna. Então, comecei a aprender sobre pessoas para treiná-los para serem diferentes, para minha equipe ser diferente. Troquei muita gente, fui contratando outras pessoas e fui aprendendo.

O que eu não sabia e que realmente eu tive que aprender foi sobre a gestão de pessoas, foi como liderar as pessoas. O que eu percebi é que ninguém trabalha com você por salário. Aliás, salário é um dos últimos requisitos que pesam na hora de um colaborador decidir se fica com você ou se vai para a concorrência. Assim como eu sempre estive preocupada com o caráter de quem estava no meu time, percebi que a recíproca era verdadeira: as pessoas que trabalham com a gente também estão muito mais preocupadas com o nosso caráter. Você, como líder, é que de fato determina o tom de todos os seus liderados. E fica quem concorda e se alinha ao seu jeito de trabalhar. Se eu tivesse chegado e me adaptado àquela cultura que encontrei certamente eu teria poucos conflitos, praticamente não teria que demitir ninguém. Estava tudo certo. Eu teria seguido daquela forma toda desordenada, toda errada e talvez eu não estivesse empreendendo até hoje, porque tudo que você começa errado também vai dar errado. Tudo o que você planta, você colhe. Você não vai plantar manga e colher uva. Mas eu optei por trabalhar da forma correta e treinar as pessoas para aquilo. E fui trazendo, de fato, os melhores para trabalhar comigo. Ajustei o salário de todo mundo, que era um salário muito baixo, porque queria que as coisas ficassem certas em todos os sentidos. Antes da minha gestão, a liderança contratava pessoas que não falavam inglês e que queriam trabalhar de qualquer jeito. Não fazia nenhuma exigência quanto à qualidade da equipe e, com essa justificativa, pagava os menores salários. Eu não queria isso. Eu queria ter a melhor equipe. Uma equipe de valor e valorizada. E esse foi só o começo para tudo isso se tornar uma realidade.

CAPÍTULO 9

Não basta empreender, tem que entender de gente

Decidi que não queria ser uma mulher que tem um negócio simplesmente para ganhar dinheiro. Eu queria ser uma mulher reconhecida como a melhor líder. Poder ter certeza de que era uma mulher reconhecida por ser a melhor chefe.

Quando eu assumi o restaurante, fui de cara liderar doze pessoas. Agora, pensa: eu não tinha experiência alguma em liderança. O restaurante já funcionava e eu cheguei ali com o trem andando, tendo que ficar a par de tudo e ainda fazer a equipe dançar conforme a minha música. Com as mudanças que tive de fazer, parte das pessoas, que já compunham o quadro de funcionários, ficaram. A outra parte eu contratei logo ali, no início. E aí eu fui lidar com todos os perfis que você possa imaginar. Tinha pessoas mais velhas do que eu, gente que veio de várias regiões diferentes do Brasil, pessoas de outros países... Então era uma salada de culturas diferentes, em um restaurante que tinha cultura interna diferente da que eu gostaria. Para completar, cheguei ali com experiência zero, liderança zero. Nunca na vida eu tive um time inteiro trabalhando comigo. No máximo, era eu e mais uma ou duas faxineiras, fazendo a limpeza das casas. Aquilo ali era muito diferente. Muito desafiador. E eu queria aprender a fazer aquilo funcionar direito.

Foi no final de 2017 que comecei a ficar muito inquieta com essa coisa de que a equipe não estava funcionando do jeito que eu gostaria. Nos meus sonhos, nos sonhos de Verô, quando eu deitava a cabeça no travesseiro, depois de um dia exaustivo em que tinha acontecido de tudo, eu pensava: "Eu quero que as pessoas façam fila para trabalhar comigo, eu quero ser essa patroa que todo mundo adora e quer ter. Não quero ser esse pessoal que chega nos Estados Unidos se achando o tal só porque vai montar um negócio. E aí, ao contratar as pessoas, quer pisar, que humilhar. Eu quero ser uma pessoa diferente. Quero ser reconhecida por ter uma liderança de excelência". Eu queria tudo isso, mas, cá para nós, não tinha ideia de como fazer tudo isso virar realidade. Em 2018, eu fiz um combinado comigo mesma: agora eu vou começar de fato, vou mergulhar, vou aprender mesmo. Recorri mais uma vez àquela que me trazia as respostas quando eu estava perdida, sem saber a quem perguntar: a internet. Foi dando uma busca no Google e navegando pelas redes sociais que comecei a fazer treinamentos. Passei a assistir vídeos sobre gestão e comprar livros. Naquele momento, um dos caras que me ajudou muito foi o Flávio Augusto, do Geração de Valor. Ele foi a minha inspiração. Foi a pessoa que, mesmo sem o conhecer pessoalmente, impactou a minha vida e me ensinou muito. Uma das coisas que mais me chamou atenção, quando eu li o livro dele, foi que, para ter conhecimento, você não precisa ser uma pessoa graduada na faculdade. Isso fez toda a diferença, abriu a minha mente, porque eu achava que eu não era capaz de fazer as coisas por não ser graduada. Não tive a oportunidade de ser graduada. Ao ler a história dele e saber que ele só tinha ensino médio, me identifiquei. Ele também dizia naquelas páginas que o conhecimento vem pelo hábito de você estudar constantemente. Para você ser um bom líder, precisa estudar, diariamente. Bastou esse estímulo para que eu virasse a estudante mais eficiente no mundo. Eu trabalhava até dez, dez e meia da noite, chegava em casa para cuidar da minha filha e, depois disso, lia um livro por pelo menos uma hora, todos os dias.

Uma coisa que eu aprendi, logo naqueles primeiros momentos, é que os livros, os vídeos, o conhecimento ajudam muito, porque a teoria é essencial, mas a prática é o que vai validar o que você aprendeu. Conforme eu assimilava os conteúdos, procurava colocar em prática aqueles conhecimentos e nem tudo funcionava às mil maravilhas. Por muito tempo eu apanhei, porque não basta saber o que fazer, tem que ter as pessoas certas fazendo. Havia meses que passavam pela minha cozinha mais de trinta pessoas! No começo, eu não sabia como contratar, mesmo tendo acesso ao conhecimento. Mas eu tinha certeza de que havia algo que eu ainda aprenderia. Afinal, as empresas bem-sucedidas têm um método, tem algo diferenciado, que eu precisava aprender. Decidi, nas minhas reflexões, que o que não estava claro para mim eu continuaria buscando em treinamentos, em livros e em Deus. E as respostas vieram. Muitas coisas eu fui testando comigo, o que funcionava para mim, o que funcionava na minha empresa.

Cada vez ficava mais clara para mim uma verdade: o que vai validar o seu trabalho, o que vai dizer se você é bom ou não em alguma coisa é a sua prática e não o seu diploma. Então, o que eu aprendia numa noite, já aplicava no dia seguinte, de manhã. Sem parar, todos os dias, fui evoluindo, ajustando, aprendendo. Com o tempo, fui me destacando como gestora ali, naquela comunidade de brasileiros empreendedores. E isso foi se refletindo em resultados. O negócio que comprei, com um determinado faturamento, cresceu. Consegui dobrar os números. Com a minha visibilidade aumentando, passei a poder ser ainda mais exigente e criteriosa na escolha das pessoas que eu trazia para trabalhar comigo. Eu não queria qualquer funcionário, queria poder escolher os meus funcionários e os melhores para trabalhar comigo. Não queria trabalhar com gente mais ou menos, não queria trabalhar com gente que reclama de tudo. E chegou um tempo que tive a oportunidade de ir selecionando e modelando o negócio e a equipe do meu jeito.

Muitas vezes, nesse caminho, fui buscar em Deus mesmo inspiração e aprendizado. Fui para oração, para a palavra. Uma história que me ajudou muito dentro da palavra quando pedi para o Espírito Santo me dar discernimento em minhas escolhas, foi a de José, sobre como ele administrava, como ele via as pessoas.

Havia um homem chamado José, que foi vendido pelos seus irmãos para uma caravana de ismaelitas. Conta-se que os irmãos fizeram essa maldade, porque ele se destacou diante do pai. Aqui já abro um parêntese: nós sempre corremos o risco de ser traídos pelos nossos irmãos, pelas pessoas próximas. Essa foi a primeira coisa que eu aprendi na história dele. Os comerciantes que compraram José o venderam, então, para Potifar, um oficial do Faraó do Egito. E ele foi trabalhar na casa de Potifar como mordomo. José fazia tudo muito bem-feito, tudo com muita excelência, ele administrava a casa muito bem. Quando eu li essa parte, já me veio outro aprendizado: se eu encontro uma pessoa que vem trabalhar no meu restaurante, que administra muito bem, que faz tudo direito e eu percebo que ele está se destacando, ela tem que crescer dentro da empresa. Pois bem, assim foi. Então, José, que era um homem muito bonito, chamou a atenção da mulher de Potifar. Ela quis seduzi-lo. Como José era um homem íntegro ao Senhor, ele não deu atenção às investidas, o que deixou a esposa do oficial irritada. Para se vingar, ela resolveu contar uma mentira ao marido, invertendo a história. Disse que José tinha "dado em cima dela". Diante desse relato, o então mordomo foi para a prisão. Na prisão, logo de cara, ele se destacou mais uma vez. José nunca se vitimava, nem se lamentava. Ele sempre fazia o seu melhor. Na prisão, cozinhava muito bem, fazia tudo muito bem. Passados alguns anos, ele revolucionou a prisão. Outro aprendizado: não importa onde você está, importa de fato o que você vai fazer com as ferramentas, com as armas que você tem para aquele local. Não importa que você começou do zero, importa que você vai pegar esse zero e em que você vai transformar esse zero. Ali, José fez muitos amigos e um deles era um copeiro, que logo saiu da clausura.

Enquanto isso, fora da prisão o Faraó estava preocupado em encontrar uma pessoa que fosse capaz de decifrar seus sonhos. Ele teve um sonho com sete vacas gordas e sete vacas magras. O tal copeiro, naquele momento, trabalhava para o Faraó e se lembrou de José, pois além de fazer tudo com excelência, o homem tinha o poder de saber, por meio dos sonhos, o que aconteceria com as pessoas. Foi José que alertou o copeiro que ele seria empregado novamente pelo Faraó. Lembrando disso, o copeiro contou isso para o Faraó que exigiu que José fosse até ele. José, então, explicou que as vacas magras representavam sete anos de escassez e as sete vacas gordas seriam sete anos de fartura. E ainda o aconselhou: era preciso que o Faraó fizesse todo um trabalho, tivesse toda uma organização. Assim, quando os anos ruins chegassem, ele estaria preparado. O Faraó ficou encantado com a sabedoria de José e decidiu que ele fosse nomeado governador do Egito. José realmente revolucionou a região. Estocou alimentos, contratou pessoas. Nos anos de bonança, ele organizou o povo. E nos anos de escassez, não deixou faltar nada.

Então, eu fui para a Bíblia para aprender como administrar e vi como José lidava com aquele povo. Foi dessa combinação de teoria com a minha vivência na prática, e os ensinamentos de Deus, que desenvolvi um estilo de liderar pessoas com foco no amor, no cuidado. E deu muito certo. Aliás, tem dado certo até hoje. Meu estilo de gestão passou a ser conhecido por ser muito eficiente. Mais do que isso, é uma gestão muito humana. Eu posso dizer que, na minha área, na minha região, eu não conheço outra pessoa que tenha uma gestão tão eficiente. Porque você sabe quando é eficiente ou não. Um sinal disso é quando os seus colaboradores permanecem. Quem tem uma rotatividade de funcionários semanal, mensal, bimestral, não tem uma gestão eficiente.

Talvez você imagine que tudo começou a dar certo quando eu aprendi a lidar com as pessoas. Não tiro a sua razão. Mas teve algo que precisou acontecer antes e que foi essencial para que eu me tornasse uma gestora de fato: eu precisava fazer um mergulho em mim mesma. Você não vai conseguir desenvolver uma liderança e uma gestão eficazes se não decidir se autoconhecer e desenvolver suas habilidades.

CAPÍTULO 10

Conhece a ti mesmo

Hoje, nas minhas atividades, no meu dia a dia, eu posso dizer como é bom ter uma equipe com quem eu posso contar, uma equipe que permite que eu tenha mais qualidade de vida e não precise mais ficar num ritmo de trabalho que dure da madrugada até altas horas da noite. Ter um time redondo reflete em diversos benefícios para a empresa e, pessoalmente, também faz com que eu possa descansar. Sei que eles continuarão trabalhando e, do meu jeito, pensando como se fossem uma extensão de mim – e até melhor! Sim, um dos grandes segredos do sucesso é conseguir fazer com que as pessoas aprendam a fazer como você faz e, no melhor dos mundos, melhor do que você faz.

Agora que você conhece muitos detalhes da minha trajetória, sabe que nem sempre foi assim. No início, lá atrás, quando comecei a vender tapioca no pratinho descartável, preparada na cozinha super pequena da minha casa, eu me levantava às 3 da manhã e ia dormir às 11 da noite. Isso porque não tinha ninguém para fazer todo o processo de preparo da tapioca. Eu só podia contar com o meu marido, Adriano, para fazer as entregas, que levavam tempo e precisavam de uma pessoa dedicada a isso. Afinal, ou eu ficava na cozinha, ou saía para entregar. Fazer os dois seria simplesmente humanamente impossível.

Se olhar para trás e pensar como eu conseguia, só tem uma explicação: muita vontade e fé de que daria certo. Todo o trabalho que eu fazia sozinha hoje é dividido em várias pessoas. Cada uma faz uma parte e é isso que torna o negócio mais dinâmico, escalável e lucrativo. Graças ao Senhor, Ele tinha planos de nos levar para um outro patamar, nos levar para um próximo desafio que veio com a compra do restaurante. Essa conquista foi uma alegria, que reconheci como mais um milagre de Deus na minha vida. No entanto, toda missão que Ele nos dá, vem carregada de responsabilidade. Portanto, para mim, tocar o negócio me trouxe uma preocupação constante em fazer o meu melhor. Até dominar tudo aquilo – especialmente como lidar com a equipe – e me sentir confortável com tanta novidade e responsabilidade, eu quebrava a cabeça para tentar aprender a gerenciar. Lá no início, ficava desesperada e mil perguntas rondavam minha cabeça! O que eu vou fazer? Como eu vou fazer? Como eu vou liderar? Como eu vou ter uma equipe engajada? Eu não queria ser simplesmente mais uma líder, eu não queria ser mais uma patroa distante dos seus funcionários, eu não queria ser mais uma na multidão. Eu sempre quis ser "A patroa". Eu sempre quis ser a líder. Eu sempre quis ser a pessoa referência. Eu sempre tive o sonho de poder chegar na minha empresa e as pessoas que trabalham comigo dizerem com satisfação que têm prazer de estar comigo, que gostam da minha presença, que eu agrego e não coloco medo, que eu trago soluções, em vez de colocar pressão. Nem no meu pior pesadelo eu gostaria de sentir que elas torceriam para que eu fosse embora logo, para não atrapalhar. Eu queria que elas gostassem de mim, não por carência, mas por saber que eu estaria sempre lá para ensinar, ajudar e fazer o meu melhor. E eu sempre quis fazer tudo isso não apenas pela minha empresa, mas porque um dia eu já estive na posição de funcionária e sei bem o perfil de um chefe que não pensa em sua equipe. E sei como é bom quando a gente é bem cuidado e considerado no time em que fazemos parte.

Então, depois que eu passei por aquela fase toda dos desafios do início do meu negócio, eu fui para a igreja. E na hora da pregação, o pastor falou assim: "Cada um de vocês que está aqui, peça para Deus, fale com o Senhor. Fale aquilo que você está precisando, que você precisa". Na mesma hora, eu pensei comigo: "Eu nem vou pedir nada, porque o Senhor me abençoa tanto, eu já estou tão bem, que eu não tenho nada para pedir".

Foi nos encontros da igreja que Deus colocou na minha vida uma terapeuta e eu comecei a fazer algumas sessões com ela. A primeira coisa que logo mudou em mim foi a questão de me controlar e parar para ouvir as pessoas e ser mais flexível. Talvez por ter passado tanta coisa sozinha, só dependendo da minha iniciativa, da minha força e das decisões que eu tomava, eu e Deus, eu acabei ficando uma pessoa muito dura. Pouco aberta ao que os outros diziam. A verdade é que eu não me dava conta disso. Eu não me conhecia a ponto de reconhecer essa minha dificuldade em entender que não era só a minha opinião que contava, não era só o que eu pensava. Então, eu vi que eu podia aprender a parar e ouvir alguém. A partir disso, resolver de uma outra maneira, considerando a visão do outro, a posição do outro e o conhecimento do outro. Isso aqui não funcionou, isso não deu certo, eu vou virar as costas e está tudo certo porque não é mais a minha opinião.

O primeiro lugar em que a minha atitude mudou foi dentro de casa mesmo. Foi aprender a ceder mais no meu casamento, ouvir mais o meu esposo, porque eu tinha ainda aquela coisa de "não", eu me casei, mas a voz que vai determinar tudo na minha vida é a minha. Eu tinha muito claro na minha cabeça que era eu quem devia resolver tudo, que nenhum homem faria isso e aquilo, eu tinha essa coisa de querer ser independente, dona da vida e não dar satisfação a ninguém. A primeira coisa que mudou foi essa empatia de me colocar no lugar do outro, ceder.

De verdade, conforme eu fui me dando conta do que eu precisava melhorar, eu orei. Eu falo que foi o Espírito Santo que me ajudou e me inspirou porque eu tinha umas tarefas que a terapeuta me dava. Uma delas era ler o livro de Provérbios de acordo com o dia e fazer uma oração, sempre a oração era assim: "Jesus me ajuda a viver de fato quem eu sou. Me ajuda a viver a minha identidade e não a identidade que o mundo tentou colocar em mim."

Dessa forma, eu tive que pedir perdão por todas as pessoas. Então, eu tinha que pedir perdão por não viver aquilo que Deus sonhou para a minha vida, eu tive que pensar nas pessoas, pessoas do passado de quem eu guardei alguma mágoa, e perdoar. Entender que, se alguém fez mal para mim, foi porque não sabia viver a vida que Deus queria. E essas descobertas todas, a palavra de Deus, foram amolecendo o meu coração. O processo foi surreal. Porque, logo no primeiro dia que eu tive de fazer esse ritual, e eu fui resistente. "Eu não vou falar, não vou fazer". Mas a modificação foi acontecendo. Veio o segundo dia e Deus me deu mais uma palavra; no terceiro dia, duas palavras. E aí fui caminhando, caminhando... chegou uma hora que eu estava leve, eu tinha colocado para fora toda aquele rancor. E eu voltei a ser criança, porque na minha infância com cinco, seis, sete anos eu era muito alegre, muito arteira, muito criativa! Eu voltei a viver a minha identidade, de uma pessoa alegre, cheia de atividades, muito inventiva, eu sempre fui muito criativa. E sempre fui muito arteira quando era pequena. Então, eu voltei a ser essa pessoa cheia de graça, cheia de brincadeiras. Eu voltei a viver de fato quem eu era e que eu tinha perdido. Eu que achava que não tinha nada a pedir a Deus, recebi Dele a graça de me conhecer, de me reconhecer e voltar a viver de acordo com a minha essência!

Foi então que descobri algo que mudou totalmente a minha visão: se você não quiser ter uma equipe engajada, se você não quiser ter de fato uma liderança eficiente... não se conheça! Simples assim. Não se conheça. Eu só consegui ter uma empresa com um time engajado, com uma equipe de sucesso, quando comecei a fazer o caminho inverso àquele que eu achava que era o certo. Em vez de aprender a conhecer pessoas, fui aprender a me conhecer. Entender isso foi para mim uma libertação, porque me mostrou que o segredo do sucesso da boa gestora que eu queria ser estava mais perto do que poderia imaginar. Bastava que eu olhasse no espelho para entender profundamente aquela pessoa que via refletida. Eu mesma! Claro que, na prática, isso não é tão simples assim.

O processo de autoconhecimento é uma das coisas mais maravilhosas que existe, mas também é doloroso, intenso e requer muito comprometimento. A partir do momento que você sabe quem você é, você não pode se enganar mais, porque você se torna consciente de algumas coisas a seu respeito e não consegue mais fugir delas. Quando você entende por que faz as coisas e sabe exatamente como deve agir, qualquer passo em falso que dê, automaticamente, aciona o seu alerta interno. Por exemplo: seu eu de resolver os problemas com diálogo, se sei como é importante que as pessoas valorizem a minha opinião antes de darem a opinião delas, não tenho como agir diferente disso com minha equipe. A partir do momento que considero esse o caminho certo, qualquer momento em que decidir impor alguma coisa ao meu time, vou, automaticamente, me sentir mal, culpada, porque sei que não estou agindo de acordo com a minha verdade e com a minha melhor versão.

A partir do processo de autoconhecimento, eu fui descobrindo que eu gosto de ser bem tratada, que eu gosto de "bom dia, boa tarde, boa noite a até logo". Além disso, aprecio muito, e sinto um calorzinho bom no coração, quando, ao encontrar as pessoas, elas me perguntam: "Tudo bem? Como você está?".

Eu adoro que, quando estou triste, quando estou doente, que alguém me dê um abraço e diga: "Eu vou orar por você, conte comigo". Foi num processo profundo de olhar para dentro de mim que descobri que eu gosto disso tudo. O passo seguinte foi descobrir que a realidade ao meu redor não era muito diferente daquela do meu interior. Entendi que as pessoas que trabalhavam comigo também gostavam dessas mesmas atitudes que eu. e então, passei a ver que gestão, acima de tudo, é relacionamento e tratar bem o outro. Mas isso foi só o começo, porque acabei indo muito mais fundo em mim. Deus é tão perfeito que me levou a deixar essa conversa comigo mesma ainda mais intensa, curando feridas que eu achava que estavam cicatrizadas, mas não estavam. Ele sabia que eu precisava ser uma mulher muito mais inteira, muito mais bem resolvida e muito mais dona de mim para poder abraçar o projeto que ele tinha para mim.

Desde o dia em que voltei a viver consciente de quem eu sou e conectada com a minha essência, que vem daquela criança que eu era, a minha vida deslanchou. Aí eu fui crescendo em todas as áreas, e assim, o Senhor foi me honrando em todas as áreas, desde financeiramente, na saúde, nos relacionamentos, no reconhecimento, realmente em todas as áreas. Todos os dias que eu olho para as coisas que eu vivi, e vivo em Deus, eu as considero tão surreais que só me encho de gratidão. Hoje, eu escuto as pessoas falarem assim: "Verônica, é inacreditável o que você se tornou na comunidade: você é um referencial. E não só para mulheres, mas para muitos homens, principalmente, nos negócios!" Enfim, conquistei muitas coisas que muitas pessoas não conseguiriam. E posso dizer que esse despertar maior foi o responsável para que um portal de bençãos se abrisse. Algo muito maior e mais poderoso do que eu havia conquistado com garra, suor e trabalho. Eu corri atrás, fiz o que precisava fazer. Mas foi quando eu realmente me conheci de verdade, e voltei a viver de acordo com a minha verdade, foi que tudo se expandiu.

Minha vida se transformou em todas as áreas. Meu casamento foi transformado, o meu relacionamento com as pessoas foi transformado. Eu era uma pessoa muito seca: sim e não. Eu não me compadecia das pessoas, eu não tinha empatia pela dor das pessoas, porque a minha dor era sempre a mais forte, a mais pesada. Eu aprendi a ser mais maleável no meu relacionamento, a me ver de fato como uma mulher que tem um companheiro. Porque eu tinha me tornado uma pessoa muito dura, muito seca, não sabia o que era ser uma mulher de fato, ser doce com as pessoas, ser alegre.

Mas Deus fez com que me apaixonasse pelas pessoas, Deus fez com que me apaixonasse pelo ser humano. Até então, para mim, era cada um no seu lugar, cada um no seu canto. Eu faço meu trabalho, não prejudico ninguém, mas não quero ter relacionamento com as pessoas. Mas Deus sabia que poderia querer mais de mim. A minha postura, o meu rosto mudou para ser mais uma pessoa sorridente, alegre, feliz com a vida; isso, de fato, fez muita diferença na minha vida.

Esse autoconhecimento me tornou uma pessoa forte, mas forte de amor, de centramento, e não apenas de rigidez. Isso foi essencial para gerir minha equipe com sabedoria, dando a direção segura e sendo o apoio para eles, em todas as dificuldades. Todas as vezes que eu estava passando por uma dificuldade ou todas as vezes que o negócio estava vivendo um desafio, que afeta a todos que trabalham comigo– como no início da pandemia – o autoconhecimento e a minha essência me ajudaram a estabelecer o equilíbrio. Estava todo mundo desesperado, havia um caos e eu estava totalmente em paz. Eu pensava assim: "Se eu passei pelo que eu passei e não morri, não é agora essa pan-demia que vai me matar. Então vou me posicionar, fazer o que tem que ser feito, mas eu não quero ter medo, não quero me paralisar por causa do medo". E foi surreal, foi surreal o que eu vivi nesse período e o quanto eu pude também ajudar as outras pessoas que estavam no desespero.

As pessoas que estavam trabalhando comigo estavam a ponto de querer morrer. Muita gente estava morrendo e não era nem do vírus, nem da pandemia, as pessoas estavam morrendo literalmente da angústia e do desespero que elas estavam vivendo, antes mesmo da doença chegar na casa delas. Estou falando de saúde mental. E eu pude permanecer firme.

E assim aconteceu em muitas outras situações. Às vezes, nós estamos vivendo um momento crítico, um momento cansativo mesmo, trabalhando muito e eu consigo parar e pensar: "Eu sei que estou cansada fisicamente, mas eu estou ótima, porque olhando para tudo que eu já vivi, eu sei que não estou vivendo nada de ruim. Tudo o que eu estou vivendo de desafio é muito pequeno perto do que eu já vivi no passado". Não tenho a menor dúvida de que tudo o que passei na vida me fez ser quem eu sou hoje. As minhas marcas, as minhas dores do passado me fizeram, literalmente, ser a Verônica que eu sou hoje. Mas eu entendi que elas precisam ocupar na minha vida um lugar de lições. Elas não podem me tornar uma pessoa pior, amarga, reativa, dura. A partir do autoconhecimento, eu fiz as pazes com o meu passado e passei a usá-lo como referência do que fazer ou do que não fazer. Isso só foi possível, porque eu me conectei de volta com a Verô de verdade e não deixei mais que ela fosse embora. Eu entendi que as coisas ruins que me aconteceram não eram o meu "eu". E decretei que elas não teriam o poder de me tornar uma pessoa diferente de quem eu sou de verdade.

O aprendizado sobre mim me faz colocar as coisas em perspectiva e ver que qualquer problema é superável. Não pode somatizar e ficar lamentando, comparando: "Está vendo, antes era aquilo e agora é outra coisa...". Eu mudei a minha postura com a fé. Eu poderia falar: "Nossa, aconteceu tudo isso comigo e eu ainda passo por uma pandemia nessa minha existência!" Poderia me vitimizar. Mas não fiz isso, porque aprendi a tempo a olhar a vida de outra maneira. E isso foi importante, não apenas para mim e para minha família, mas para as pessoas que trabalham comigo. Deus me levou a me apaixonar tanto pelas pessoas que eu decidi me especializar em liderança e gestão para entender as pessoas, para viver a dor das pessoas. E aí eu fui estudar, aprender, pesquisar. Eu consegui, então, conectar tudo. A chave que demorei anos para descobrir é que o autoconhecimento é a base para todas as habilidades que precisamos desenvolver como gestores. É sobre essa gestão baseada no amor, com muito amor, que eu vou falar agora.

"Liderar é, acima de tudo, servir
seu time"
tapioca
da
baiana

CAPÍTULO 11

A gestão com amor

Em todos esses anos que atuo como gestora, eu converso com muita gente que também tem negócios, seja em grupos de empreendedores, seja nas palestras que dou. Observo muitas pessoas dizendo que está muito difícil encontrar gente boa para trabalhar, que ninguém quer nada com nada. Essa, aliás, é uma reclamação geral de quem precisa ter equipe.

Entendo que esse problema faz parte da vida de muitos gestores, mas também vejo que a forma de exercer a liderança influencia em quão frequentes serão as dificuldades em contratar e manter profissionais talentos e comprometidos. Logo que assumi o restaurante, vivi um processo de aprendizado e, nesse momento, pessoas ficaram e pessoas foram embora. Mas, depois que consegui adotar a forma de liderar que denomino "Gestão com Amor", houve um processo natural, em que as pessoas que mais tinham a ver comigo e com a empresa foram ficando. As que não se encaixavam foram embora, naturalmente. Houve, claro, profissionais que partiram porque mudaram de vida ou porque foram atrás de novos voos. Nesse caso, vejo que eles fecharam um ciclo de vida saudável trabalhando comigo. Tenho também a turma que ficou e continua aqui comigo e é o melhor exemplo que tenho do que a "Gestão com Amor" pode conseguir. Uma equipe engajada, amiga, com a qual eu posso contar e que tenho a alegria de ajudar a crescer e se desenvolver.

Me orgulho de poder falar com autoridade de que a "Gestão com Amor" é o que me faz colecionar exemplos de pessoas das quais eu não abro mão e que já estão no restaurante há um bom tempo. Também há casos em que o profissional esperou quase dois anos para conseguir uma vaga no restaurante! Portanto, não tenho do que reclamar, pois vivo uma realidade oposta à de muitos gestores. Então, falo muito à vontade sobre esse assunto, porque é o que eu vivo todos os dias, aprendendo, lapidando o meu estilo de liderar.

A base do que chamo de "Gestão com Amor" está totalmente alinhada com o que Jesus disse em um dos mais importantes mandamentos: "Ame ao próximo como a ti mesmo". Isso porque, quando você decide tratar as pessoas da forma que você gostaria de ser tratado, tudo muda à sua volta. O semblante das pessoas, a atitude, a disposição, o clima e a produtividade mudam para melhor. Tudo começa em você, gestor, gestora.

Bill Campbell, que foi CEO de importantes empresas americanas e autor do livro "O coach", de um trilhão de dólares – O manual de liderança do Vale do Silício, diz que uma empresa não funciona sem as pessoas e as conexões que fazemos com elas. Por isso, ele fazia questão de mostrar às pessoas que trabalhavam com ele o quanto elas eram especiais. Isso aumentava a lealdade desses colaboradores e a produtividade da empresa.

Se quer mudar o ambiente, mude você! Essa é uma realidade que comprovo, diariamente, porque todos os dias temos situações desafiadoras que podem ser encaradas das mais diversas maneiras. Eu posso chegar no meu ambiente de trabalho e encontrar uma atmosfera estressante. Trabalhamos com *delivery* e *take out* (o cliente encomenda online e depois retira o produto na loja) e esse serviço é cronometrado. Consideramos um bom atendimento quando ele cumpre um tempo determinado, da entrada do pedido na loja à entrega. Só que, muitas vezes, não chega um pedido por vez. E é aí que o negócio complica e ganha em pressão: você tem dez, vinte, trinta, quarenta pedidos de comida chegando, para soltar imediatamente. Tem o cliente ligando para saber que horas o pedido dele vai chegar. Dá para aliviar a pressão? Na maioria das vezes, não dá, porque se trata de uma corrida contra o tempo em que ainda contam pontos o atendimento impecável, a qualidade do produto, a embalagem perfeita... Mesmo nesse contexto, é possível criar um ambiente de leveza ao mesmo tempo.

Dá para trabalhar na pressão, mas com um sorriso no rosto, com satisfação. Como gestora, chego dando "bom dia" para cada um, quero saber se a pessoa está bem. Digo: "Me deixa te dar um abraço, como você está hoje?" Independentemente da situação, isso muda o ambiente. Pequenos gestos de atenção e cuidado que partem do gestor cabem em qualquer lugar, em qualquer situação de trabalho e fazem uma diferença enorme na energia as pessoas. Porque quem dá o tom é o líder maior. Ele é como o maestro de uma orquestra. Quando a música que toca é leve e alegre, todo mundo entra nesse compasso.

Uma das alegrias que tive e que comprovou como essa atitude faz diferença foi quando, por motivo de saúde, precisei ficar fora da operação do restaurante por um mês. Quando dei a notícia de que teria que me ausentar, a equipe toda começou chorar. Durante o tempo que fiquei em casa "de molho", o pessoal me ligava, mandava mensagem dizendo que estavam contando os dias para o meu retorno. Quando voltei, também teve choro, mas de alegria. Me senti muito amada, assim como amo cada um deles. Você sabe o que é isso? Conhece a alegria de saber que equipe deseja você por perto – o exato extremo oposto de querer mal pelas costas? Você chegar no seu ambiente de trabalho e ouvir: "Aqui é muito mais alegre quando você está. Você deveria ficar todos os dias, você deveria trabalhar todos os dias." Se eu consegui chegar a esse ponto de conexão e felicidade com a minha equipe, foi porque um dia eu resolvi me conhecer e assumir a responsabilidade das minhas atitudes na relação com eles.

No processo dessa relação forte, que aprendi a estabelecer com os profissionais que trabalham comigo, aprendi algumas lições que considero importantíssimas para qualquer gestor:

1- Você só tem autoridade sobre alguma coisa, quando você passou por aquilo.

Imagine um líder de uma equipe de limpeza que nunca limpou uma casa nos Estados Unidos. Como ele vai liderar, se não sabe como é o dia a dia desse trabalho, não sabe os desafios que se encontram nos detalhes do trabalho, como a pressão por um desempenho de qualidade na faxina, o risco de ter que dirigir na neve para chegar à casa do cliente nos meses de inverno, a dificuldade de comunicação por não saber falar inglês... Já ter sentido na pele as dificuldades ajuda o líder a criar empatia com seus colaboradores e a encontrar soluções, que realmente os ajudem no cotidiano. Isso porque ele fala a mesma língua deles. Isso muda o ambiente de trabalho.

2- O que faz um colaborador se manter na sua empresa é mais do que o dinheiro.

Acredite: ninguém vai deixar sua empresa só porque você paga 30 centavos a menos, a hora de trabalho. Uma pessoa começa a trabalhar por causa de alguma necessidade, como ganhar dinheiro para realizar um sonho, sustentar a família, o desejo de crescer na vida, enfim, existem diversos motivos. Mas, a partir do momento em que ela está naquele ambiente de trabalho, o que vai engajá-la a continuar não é o dinheiro, apenas. Um dos fatores que pesam – e muito – é a relação dela com o chefe. Se ela percebe que o líder é um patrão diferente, que realmente pensa no ser humano, ela passa a ter um compromisso com o líder e, assim, passa a ter um compromisso com a sua empresa. Começa a se sentir parte do negócio.

3-Quando você crescer, faça seu time crescer junto.

Eu sempre pedi aos meus colaboradores: "Quero que vocês pensem igual a mim, que ajam como como eu, que se sintam donos desse negócio". E por um bom tempo, me sentia frustrada, porque minhas palavras pareciam não tocar o coração deles. Eles faziam diferente. Um dia, concluí que, se quero que eles pensem como eu penso, se quero que ajam como donos, também preciso que eles colham frutos dos resultados. Em outras palavras, se na hora dos benefícios eu virar as costas, se eu não compartilhar o lucro quando atingimos o resultado esperado, eles nunca vão se sentir como donos. Desde o dia em que isso ficou claro para mim, mudei a atitude e passei a ser muito transparente em relação aos números do restaurante. Se a gente está bem, eu bonifico cada um. E quando não estamos bem, eu também abro o jogo e peço ajuda para nos recuperarmos: "Pessoal, nós tivemos perdas e eu preciso contar com vocês". Desde quando comecei a ter essa postura, passei a poder contar com uma equipe muito engajada. O meu posicionamento trouxe as mesmas pessoas, a mesma equipe, para muito mais perto de mim e do negócio.

4 – Ferramentas da gestão com amor

Você pode – e deve – tratar todo mundo de forma igual.

Mas precisa saber que as pessoas não são iguais. Então, apesar de o tratamento ser o mesmo, é muito importante que você conheça e entenda a individualidade de cada um. Esse é um refinamento da liderança. Tratar cada um de acordo com a sua particularidade. Fazemos isso intuitivamente, quando se trata das nossas relações pessoais. Sabemos identificar como cada pessoa do nosso círculo de amizade é, e como precisamos agir para estabelecer uma conexão. Nas relações profissionais, o caminho é o mesmo, mas você não precisa de anos de amizade para entender as pessoas. Existem ferramentas que ajudam a identificar o perfil de cada colaborador. Além de estabelecer uma boa relação com a equipe, elas vão ajudar você a liderar com eficiência. As três ferramentas que gosto de usar são:

1- Os tipos de temperamento
2- Os perfis comportamentais
3- As 5 linguagens do amor

Todas têm testes disponíveis na internet para você aplicar e descobrir as características de cada colaborador. Explico a seguir como cada uma pode ajudar você a desenvolver a sua "Gestão com Amor":

1- Os tipos de temperamento

Cada pessoa tem uma forma de agir. Alguns são mais doces, outros são mais azedos. Tem gente que é fácil de lidar. Tem gente que é mais complicada. Tudo isso está diretamente ligado ao temperamento de cada um, que é a forma como funcionamos. Ela impacta na forma como vivemos e como nos relacionamos. Existem quatro tipos de temperamento mais comuns e que podem ser usados na gestão, como uma forma de entender melhor o colaborador e como se relacionar com ele. Aqui faço um breve resumo desses temperamentos. Talvez, só de ler as características, você consiga identificar quem é quem na sua equipe.

Colérico

Pense naquela pessoa reativa, cheia de energia, em alguns momentos, explosiva. Indivíduos coléricos costumam ser práticos, ambiciosos e bons planejadores. E podem ter um ótimo desempenho, numa posição de liderança. O lado negativo, e que precisa ser cuidado, é que podem se tornar dominadores, impacientes e intolerantes.

Melancólico

Uma pessoa com esse temperamento tem como características básicas a timidez e uma certa tendência a ser pessimista. Ele tende também a se isolar. Justamente por ser introvertida, tem dificuldades de expor seus sentimentos e de dizer o que a incomoda, o que a magoa. Prefere exercitar tarefas que possam ser feitas individualmente. Seu ponto positivo é ser leal. E o lado negativo, que precisa ser cuidado, é a tendência a sempre achar que as coisas não vão dar certo.

Sanguíneo

Pessoas com esse temperamento são muito extrovertidas por natureza e tem um grande talento para comunicação. É comum que falem bem e não se intimidem diante de uma grande plateia. Pense em uma pessoa que se vira bem em qualquer contexto, tem sensibilidade para lidar com gente e é otimista.

O lado negativo é o exagero. Falar demais ou tomar atitudes, sem pensar nas consequências. São pessoas do bem, que causam muito impacto positivo e só perdem a mão quando passam da conta na extroversão.

Fleumático

Aquela pessoa que transmite paz, delicadeza, calma. Quem tem temperamento fleumático impacta o ambiente de uma forma harmônica. Prefere mais observar – aliás, tem talento para isso – do que estar no foco das atenções. Costuma ser alguém que gosta de rotina e organização. Pessoas assim gostam de trabalhar em lugares mais calmos, onde o silêncio impera.

O lado negativo desse temperamento é a tendência à indecisão, pouca flexibilidade para lidar com o novo e dificuldade em acatar críticas.

2- Os perfis comportamentais

Mais uma ótima ferramenta para entender quem é quem na sua equipe é a que fala dos perfis comportamentais. Ela é um sinalizador de como um colaborador reage quando está vivenciado uma situação específica. Tem gente que funciona melhor quando está sob pressão, correndo contra o tempo. E tem gente que trava quando há muita adrenalina envolvida, porque prefere um ritmo mais tranquilo, sem stress.

Ao analisar o perfil comportamental de um colaborador, você pode ter ótimas pistas de quais tarefas mais se adequam a ele e quais serão um desafio difícil de cumprir. Acredito que precisamos jogar a favor das pessoas, no sentido de colocá-las no lugar certo, aproveitando o seu talento. Claro que as pessoas podem, e devem, superar desafios e trabalhar características que não são muito bem resolvidas. Em outras palavras, é ótimo quando uma pessoa que tem dificuldade em produzir, em uma situação de estresse, trabalhar isso nela. Por outro lado, se for possível colocá-la numa posição em que o cotidiano é mais previsível, ela estará no local perfeito para se desenvolver ainda mais.

Veja aqui os grupos de 4 perfis comportamentais mais comuns:

O perfil comunicador

Pontos positivos:

- É comunicativo.
- Tem poder de persuasão e carisma.
- Empolga-se com novidades, lançamentos, novos projetos.
- É otimista e positivo, quando se trata de projetar os resultados a serem alcançados.
- Saber fazer bons relacionamentos.
- Tem um talento especial para influenciar outras pessoas.
- Sabe envolver e motivar o grupo, mostrando sempre o lado bom das coisas.
- Aberto a aprender e receptivo para fazer o que tem de ser feito.
- Costuma unir as pessoas ao seu redor.
- Sabe acalmar um ambiente quando há pressão, tensão, conflitos.
- Costuma ter muita criatividade.

Pontos negativos:

- Não é uma pessoa com capacidade de planejamento e análise.
- Sua positividade em excesso, sem um estudo mais aprofundado da viabilidade, pode fazer com que invista energia em projetos que não são promissores, podendo acreditar muito em iniciativas pouco viáveis.
- Tem dificuldade em seguir processos, normas e cronogramas.
- Pode prometer mais do que efetivamente consegue cumprir.
- Tendência a ignorar determinações de outros setores e de superiores.
- Ambientes de trabalho com muitos comunicadores podem ter pouca organização e comprometimento, gerando atrasos e falhas em projetos.

O perfil executor

Pontos positivos:

- É aquela pessoa chega em um ambiente e domina.
- Adora obstáculos e dificuldades.
- Tem uma competitividade latente.
- Defende sempre seus pontos de vista e é bastante corajoso.
- Não mede esforços para realizar o que lhe é solicitado.
- Tem resiliência e inteligência para driblar os desafios e tornar realidade o que for preciso.
- É dotado de autoconfiança elevada.
- Trata-se de uma pessoa objetiva, determinada e focada em resultados.
- Precisa de certa liberdade de ação para cumprir o que deseja. Mas não tenha dúvida de que, na grande maioria dos casos, vai não apenas conseguir atingir seus objetivos, como chegar mais longe.

Pontos negativos:

- Tende a ser ditatorial e autoritário.
- Sua persistência pode passar dos limites e fazer com que lute por causas inatingíveis.
- Pode ter certa dificuldade de seguir as regras da empresa, principalmente quando elas limitam sua atuação ou são burocráticas.
- Talvez tenha um certo bloqueio de trabalhar com pessoas que não sejam tão dinâmicas.
- Se for a única pessoa da equipe com esse perfil, pode não conseguir se adequar ao contexto e preferir atuar de forma isolada e dispersa.

O perfil analista

Pontos positivos:

- É detalhista, meticuloso e preocupado.

- Trata-se de uma pessoa muito responsável.
- Tem um estilo mais conservador.
- Organização é um de seus talentos.
- Tem facilidade para controlar rotinas repetitivas e processos executados diariamente. Aliás, adora isso!
- Gosta de mapear, analisar e aperfeiçoar fluxos de trabalho, porque tem como propósito que cada etapa seja realizada da melhor maneira possível.
- Dá atenção aos detalhes.
- É perfeccionista.
- Gosta de cumprir tarefas passo a passo, sem pular etapas.
- Dê a ele um trabalho que precisa ser feito, com precisão, e vai se surpreender positivamente.
- É o profissional certo para atividades que precisam de um especialista. Ou seja, pode-se desenvolver essa pessoa numa habilidade específica. Ela vai se dar bem.
- É o perfil recomendado para tocar projetos relacionados à pesquisa e ao conhecimento.

Pontos negativos:

- Não se dá bem trabalhando sob pressão.
- Pode ter dificuldades em tomar decisões.
- Pode perder muito tempo cuidando de detalhes que não interferem no resultado.
- Costuma ter problemas de produtividade, com a ausência de decisão ou comando, porque precisa de uma direção sobre o que é importante e urgente.
- Tende ser indeciso e pouco prático
- Pode ser orgulhoso, pois gosta da perfeição com que executa as tarefas e talvez não tenha disposição de ser menos perfeito, em prol de mais objetividade ou agilidade.
- É bastante crítico consigo mesmo e com os outros.

O perfil planejador

Pontos positivos:

- É aquela pessoa estável, que mantém um ritmo constante de trabalho.
- Tende a ser um profissional mais conservador.
- Costuma ter autocontrole e dificilmente entra em pânico.
- Seu grande talento é planejar e tornar as situações previsíveis, a fim de atuar em cenários de segurança.
- Gosta de ajudar os outros, e isso faz com que se saia bem trabalhando em equipe.
- É uma pessoa paciente.
- Não oscila em períodos de alto e baixo rendimento, em suas atividades.
- É uma pessoa de fácil convivência e bastante confiável.
- Costuma evitar conflitos diretos.
- Costuma ter um bom senso de justiça.
- É capaz de amenizar conflitos e fazer a equipe chegar a um ponto de equilíbrio.
- Se sai bem, quando assume a responsabilidade de pontuar os fatores positivos e negativos de um projeto ou de uma decisão.
- Tem talento para feedbacks.

Pontos negativos:

- Não se preocupa muito com a urgência de determinada tarefa. Pode até postergar a entrega, se achar que é necessário rever a estratégia ou o planejamento.
- Seu maior receio é de que as coisas saiam do seu controle e do que foi planejado.
- Tem baixa capacidade de improviso.
- Sua criatividade é limitada.
- Tem que se esforçar muito para conseguir inovar ou pensar "fora da caixa".
- Costuma seguir o que foi determinado, mas dificilmente

alcança resultados acima do esperado.
- Pode ter dificuldade em executar, por se perder no estágio do planejamento da programação.

3- As 5 linguagens do amor

Gosto bastante do conceito de: As 5 Linguagens do Amor, de Gary Chapman. Sua teoria, que virou livro, explica como as pessoas se comunicam de formas diferentes e, para que um relacionamento seja bem-sucedido, o caminho é identificar a linguagem de cada pessoa envolvida. Chapman, que também é pastor, formulou sua teoria com base em seus mais de 35 anos de experiência em aconselhamento de casais. Mas os seus conceitos podem muito bem ser usados em relações que não sejam, necessariamente, amorosas. Eu considero sua visão muito pertinente e aplico as linguagens do amor na minha gestão, com os colaboradores. Sugiro que você também experimente.

Os benefícios de usar a 5 linguagens do amor é fazer com que a convivência se torne mais agradável e menos conflituosa. São elas:

1. Palavras de Afirmação

De acordo com Chapman, uma maneira de expressar seu carinho por uma pessoa é por meio de elogios e palavras que edificam. Muitos de nós ignoramos ou desconhecemos o poder que existe em afirmações verbais positivas, mas basta começar a usá-las para ver a diferença que elas fazem no dia a dia, e como são capazes de conectar as pessoas.

Existem muitas frases que podem ser usadas como palavras de afirmação. Vou dar alguns exemplos:

"Você é muito bom em fazer isso."

"Gosto de ver como você trabalha com dedicação."

"Um dos seus pontos fortes é a responsabilidade!"
"Eu admiro pessoas que estão sempre de alto astral e engajadas como você."

Importante ficar bem claro que aqui a intenção não é que você use essas palavras como forma de bajular o outro. A ideia é fazer algo pelo bem-estar da pessoa. Palavras afirmativas têm esse poder. E elogiar é apenas uma das formas de causar um impacto positivo na vida de alguém. Outra maneira de fazer isso é usando palavras encorajadoras, que fazem com que as pessoas acreditem mais em seu próprio potencial. Como diz Chapman, a maioria de nós tem mais potencial do que imagina e o que nos impede, muitas vezes, é a falta de coragem. No ambiente de trabalho, você pode, como gestor, fornecer esse importante catalizador para as pessoas da equipe e fazer com que elas se sintam motivadas a ir além.

Ainda há mais maneiras de usar as palavras de afirmação, expressando gentileza. Segundo Chapman, uma mesma frase pode ser dita de forma gentil ou de forma ríspida. Tudo pode ser dito de uma maneira gentil, até mesmo uma crítica. A gentileza é uma maneira de demonstrar que você tem consideração pelo outro. Palavras de humildade também são uma forma de entrar em harmonia com o outro. Isso, numa empresa, funciona bem no momento de dar uma ordem. A escolha das palavras certas pode causar no outro uma satisfação em fazer o que foi solicitado ou uma rejeição a executar a tarefa. Quer um exemplo? Veja como soa em você "Será que ninguém aqui tem a capacidade de deixar esse estoque organizado?". E que tal: "Fulana, você que tem um talento especial para organizar, será que pode me dar uma ajuda aqui no estoque?"

2. Tempo de Qualidade

Essa linguagem do tempo de qualidade se refere a dar atenção completa a alguém. Você pode fazer isso com seus colaboradores, tendo momentos individuais com cada um. Pode ser para uma conversa informal, em que vai conhecer melhor a pessoa por trás do profissional. E pode ser também durante uma atividade de trabalho, em que você vai executar junto com uma pessoa de equipe, com a intenção de ajudar, orientar e dar feedback.

Por mais corrida que seja a sua rotina como líder, reserve momentos para ter esse tempo de qualidade com as pessoas, e construirá uma conexão forte com cada um.

3. Presentes

Dar um presente é mais uma das linguagens de amor. E aqui não falo de presentes caros ou de impacto. O presente pode ser uma maneira de dizer ao outro que você presta atenção nele. Ou que você quer o bem-estar dele.

Pequenos gestos cumprem esse papel. Pense que você pode comprar um bombom para as pessoas da sua equipe e deixar na mesa de trabalho de cada um, após o almoço. Ou, talvez, você ouça alguém dizer que está sem tempo de ir ao supermercado para comprar um item que falta em sua casa. Por exemplo, sabão em pó para lavar roupa. Imagine que, justo naquele momento, você está indo ao supermercado ou vai passar na frente de um. Que tal se oferecer para comprar o sabão e resolver o problema daquela pessoa? Aqui, o que vale é que o presente seja dado de coração, de forma genuína e realmente amorosa.

4. Atos de Serviço

Liderar pelo exemplo é um dos meus mantras de vida. E é basicamente sobre isso a linguagem do amor que dos atos de serviço. Quando falamos de relações amorosas, isso implica em, por exemplo, dividir as tarefas da casa. Já quando pensamos em relações de trabalho, há uma série de tarefas que o gestor pode fazer para demonstrar que está no mesmo barco que o time.

Claro que, como líder, você precisa gerenciar o time e atuar de forma mais estratégica. Mas isso não impede que, num momento de pressão, em que todos precisem de ajuda, você faça tarefas que, em tese, não são mais a sua obrigação. Pode ser: conferir pedidos, atender no balcão, fazer o delivery, atuar na produção... enfim, estar a serviço de quem estiver precisando.

Essa atitude diz que você está junto para o que der e vier, que as pessoas podem contar com você. Isso tem um impacto positivo enorme na equipe e na relação que você constrói com seus colaboradores.

5. Toque Físico

A última linguagem do amor diz respeito ao toque físico. Um abraço fraterno ao cumprimentar no início do dia ou um aperto de mãos... trazem proximidade, amizade. Mostram que você não quer se isolar, mas que considera as pessoas além da hierarquia.

Convido você a refletir sobre essas linguagens do amor e como pode começar aplicá-las no seu cotidiano de gestão. Estou certa de que elas têm um poder mágico de fortalecer a conexão e trazer as pessoas para mais perto. Afinal, a "Gestão com Amor" é sobre pessoas, com pessoas, para pessoas!

As habilidades do líder que pratica a "Gestão com Amor"

Falei bastante sobre o que você tem que olhar nos outros para conhecê-los melhor e poder atuar dentro da "Gestão do Amor". Falei também sobre o que pode fazer pelos outros. Agora, convido você a olhar para si mesmo e avaliar se você tem as habilidades essenciais para praticar esse tipo de gestão que é, acima de tudo, empática.

Se você quer se relacionar com sua equipe, de uma maneira próxima e sem barreiras, se quer que todos gostem de você e de trabalhar ao seu lado, é essencial que desenvolva estes pontos a seguir:

HABILIDADE 1: Atenção

Atenção para observar seu ambiente de trabalho e avaliar possíveis pontos de melhoria com seus colaboradores. E também atenção a si mesmo, procurando fazer sempre uma autorreflexão de suas ações, buscando sempre o crescimento pessoal.

Listo aqui alguns dos pontos que merecem uma atenção especial:

- Autoconfiança: um líder precisa ter autoconfiança para poder direcionar as ações da equipe, falar com segurança.
- Capacidade de ouvir: geralmente, uma das maiores falhas, um dos maiores erros como líder é a dificuldade de realmente escutar a equipe. Na ansiedade de dizer o que tem de ser e de estar sempre certo – porque se espera que o gestor sempre dê a palavra final e tenha a solução mais sensata – nem para entender o que o outro nos diz. Numa escuta atenta pode surgir uma ideia, um novo caminho, um olhar para algo que não estava no seu radar e que merece sua atenção, interferência ou ajuste.

HABILIDADE 2: Capacidade de inovar

Recomendo que você também preste atenção ao ambiente em que a sua empresa está. Como? Enxergando oportunidades, analisando o cenário, prevendo tendências, observando o comportamento do consumidor. Não se deixe ser sugado pela operação, pelas demandas internas, e acabar com uma missão limitada do contexto. Esse olhar macro é importantíssimo para levar as pessoas com você, levar o time para o futuro. A importância disso ficou muito clara para mim. Vou contar o porquê. Em 2019, antes da pandemia da Covid-19 chegar, eu vi que o mercado estava mudando, que as coisas estavam mudando. E eu estava em uma agitação, sentindo que precisava aprender coisas novas. Não sabia o que fazer direito, mas fui para um treinamento de mercado digital na Flórida. Era um curso, por sinal. Por um momento, até pensei se valia a pena gastar esse dinheiro. Mas achei que valia investir. Fiz o treinamento com uma norte-americana que abriu os meus olhos para as possibilidades do mercado online, de como as coisas estavam mudando, como as coisas estavam crescendo. Saí de lá com uma nova visão e, como sou o tipo de tipo de pessoa que não consegue aprender algo e não fazer nada com aquela informação, voltei para Boston disposta a fazer acontecer. Mal cheguei e já comprei computadores. Chamei minha equipe e começamos a criar site, página de vendas. Mudamos tudo! Meu mari-do Adriano, coitado, ficou doido com a revolução que comecei a implantar! Ninguém sabia direito porque eu tinha decidido que o nosso negócio deveria ser digitalizado também. Treinamos a equipe e começamos a atender também online. Foi dessa forma que inovamos no serviço de *delivery* e *take out.* Isso tudo aconteceu em dezembro de 2019. Em março de 2020, teve o *lock-*

down e nós estávamos cem por cento preparados para atender nossos clientes à distância. Ninguém sabia que enfrentaríamos uma pandemia pela frente, o que tornaria o digital essencial em qualquer negócio. Mas foi o olhar para fora, para o mercado, para as tendências que acabou fazendo com que estivéssemos bem-preparados para enfrentar aquele momento de desafio.

E o que isso tem a ver com gestão? Tudo! Ser um líder que inova, que traz melhorias para dentro do negócio, mostra que você cuida da empresa e cuida de cada um que está ali, garantindo que a empresa cresça e se reinvente. Isso traz segurança e confiança por parte dos colaboradores, que sentem em você um gestor atuante. Um empreendedor tem que ter essa visão de saber distinguir o que é gasto do que é investimento. Isso é investimento. Para muitos, poderia ser uma perda de tempo viajar para a Florida para aprender sobre vendas online, sendo que o restaurante estava indo bem com o atendimento presencial e as encomendas pelo telefone. Mas é essencial você ter um tempo de aprendizado. Com novos conhecimentos, é possível ampliar a visão de mundo e aumentar o seu poder de decisão para mudar a rota e fazer as coisas acontecerem. Nada, absolutamente nada, vai ficar a vida toda do mesmo jeito. Então, é essencial ter essa atitude, não ter medo do novo, porque nós sempre vamos estar na zona de perigo, na zona de risco. E arrisca mais, quem fica parado.

O mundo muda, as pessoas mudam e não tem mais como você empreender como empreendia há cinco anos. Eu estou no mercado há oito anos. Comecei em uma realidade. Naquela época, eu pagava uma propaganda bonitinha na rádio e ninguém via minha cara, ninguém sabia quem era a Verônica. E estava tudo certo. A gente vendia muito e estava tudo bem. Hoje, as pessoas querem saber quem eu sou, querem ver minha cozinha, querem saber como eu vivo, como eu trato meus funcionários, aonde eu vou, o que eu como, o que eu sirvo, no que eu acredito, tudo. E aí, eu tive que fazer o quê? Eu tive que sair da minha zona de conforto e ir para onde? Para a internet. Por isso que vocês me veem lá no Instagram, dizendo: "Bom dia, meu povo, tudo bem?" Porque eu preciso trabalhar, e isso, agora, também faz parte do meu trabalho. E eu demorei muitos anos ainda para inovar nesse ponto. Eu resisti bastante. Lembro que eu dizia: "Pelo amor de Deus, não preciso disso. Eu não preciso e eu estou ótima, meu restaurante vai muito bem, obrigada!". Mas depois me rendi, porque se você não está atenta às inovações, você não está atenta às mudanças na vida das pessoas. E se não enxerga isso, seu negócio pode começar a ficar obsoleto de uma hora para outra. E isso impacta diretamente na vida das pessoas que trabalham com você.

HABILIDADE 3: Confiança

A confiança está muito ligada ao conhecimento técnico do líder e de sua motivação. Para que você consiga passar confiança em suas decisões, é imprescindível que esteja preparado tecnicamente para a tomada de decisões, além de estar motivado com cada uma delas. A sua confiança também se estende aos seus colaboradores. Aprenda a confiar no trabalho deles e parta da premissa que, até que provem o contrário, você vai dar um voto de confiança.

Quando nós entendemos que não é sobre coisas, mas sim sobre pessoas, entendemos o valor de uma relação pautada na verdade. Então, faça questão de demonstrar aos seus colaboradores que você é uma pessoa digna da confiança deles. Seja transparente, cumpra os combinados. Diga a real, o que está indo bem, o que não está. Ensine o trabalho, sem sonegar informação por medo de perder o colaborador para a concorrência, e sem medo de que ele aprenda tudo para se tornar um concorrente. Isso não quer dizer que você não estará sujeito a uma traição, mas quem não é digno de confiança, não vai ter que acertar as contas com você. Terá que se acertar com a própria consciência. Pessoas que não têm caráter podem até fazer parte por um momento da sua empresa, mas, quando você exige confiança e passa confiança, elas acabam saindo do sistema, porque não comungam dos mesmos valores. Então, não tenha medo de confiar e não abra mão de ter atitudes que passem confiança.

"Fornecer os ativos necessários para que cada membro do grupo exerça seu trabalho em prol da visão de longo prazo da empresa é primordial.
Para tanto, o líder precisa cultivar alguns hábitos pessoais"
tapioca
da
baiana

CAPÍTULO 12

Os 7 princípios da gestão com amor

Aprender como fazer a gestão de pessoas é um objetivo que todo gestor deve procurar alcançar. Identificar e impactar cada colaborador de maneira positiva, procurando sempre o aproveitamento de todo o seu potencial, deve ser uma busca constante. Existem muitas maneiras de fazer tudo isso. Aqui você vai entender como executar tudo isso por meio da "Gestão com amor". Porque não basta ser gestor, tem de cuidar. Com esse estilo de liderança focado em pessoas, os resultados virão com mais leveza, a equipe será mais comprometida com você, a rotatividade de talentos vai diminuir e, com o passar do tempo, você terá um time forte, coeso, feliz e engajado.

Agora, vou aprofundar essa conversa falando sobre como aplicar esse estilo de gestão nas tarefas do dia a dia do líder.

Todos nós sabemos que um gestor precisa saber contratar pessoas, delegar tarefas, fazer um bom treinamento, ter uma comunicação fluida com a equipe, monitorar o trabalho, criar um ambiente saudável, reconhecer a equipe... O que buscaremos aqui é aumentar o potencial de sua equipe, canalizando toda sua energia em direção à produtividade e eficiência. Tudo isso levando em consideração as particularidades de cada um, tomando o cuidado de não fazer com que ninguém se sinta desconfortável em seu ambiente de trabalho. Dar espaço e promover um bom ambiente de trabalho também pode aumentar a produtividade e eficiência.

Princípio 1- Selecionar com um olhar atento

> ***"Amplia o lugar da tua tenda, e estendam-se as cortinas das tuas habitações; não o impeças; alonga as tuas cordas, e fixa bem as tuas estacas."*** **Isaías 54:2**

Um dos maiores erros que eu já cometi, várias vezes, foi não fazer um processo seletivo cuidadoso. Acontecia de nós termos uma vaga aberta e estarmos tão desesperados para preenchê-la, precisando com tanta urgência contratar alguém para aquela posição que selecionávamos na pressa. Mesmo sabendo que a pessoa não era a ideal, eu achava que depois, com treinamento e algumas orientações, conseguiria corrigir os pontos negativos e resolver o problema. Depois de algumas experiências, eu entendi que não conseguiríamos mudar ninguém e que quando escolhemos um profissional que não é exatamente o que precisamos, trazemos um problema para dentro da empresa. Cheguei à conclusão de que é melhor passar um tempo sem uma pessoa na vaga, mesmo que isso me faça ter que ir para a linha de frente, mesmo que isso seja mais desgastante por um tempo, do que contratar, sem a certeza de ter feito uma boa seleção. Vai por mim: é melhor esperar encontrar a pessoa certa para a vaga. Para uma organização funcionar de maneira eficiente e produtiva é preciso que sua equipe de trabalho esteja unida em busca de um mesmo objetivo. Portanto, é importante ter esta preocupação já no momento da seleção, procurando por candidatos que se encaixam no estilo de trabalho que sua empresa proporciona. Seus colaboradores precisam somar e ter uma boa relação de trabalho para que os ambientes de cada equipe sejam favoráveis e cada um consiga alcançar seus objetivos individuais e coletivos.

A entrevista

Com o passar dos anos, fui aprimorando o modo de entrevistar, com o objetivo de trazer pessoas que combinem com o meu estilo de gestão, que é a gestão com amor. Isso significa que, mais do que entender se o candidato tem habilidade técnica para o cargo, eu quero saber quem é aquela pessoa, quais são os seus valores, como é o seu comportamento, como se relaciona com as pessoas. Por isso, minha conversa vai muito além de entender o que ela sabe ou não fazer. Eu vou a fundo! De acordo com as respostas, eu já sei se ela serve ou não serve para trabalhar ali.

Quer saber como eu faço uma entrevista? Com muitas perguntas. A primeira delas é saber como a pessoa me conheceu e ficou sabendo da vaga. Em seguida, quero entender por que ela quer trabalhar na minha empresa. Também pergunto se já trabalhou em outros lugares. Se sim, como lidou com os problemas na empresa. Se já teve algum problema com outro colaborador, em algum trabalho anterior, qual foi a parte mais difícil, o que ela não fez que poderia ter feito na empresa anterior. Aí vou passando também por questões que me tragam uma fotografia de como será a postura dela em situações com clientes. Um exemplo de pergunta que costumo fazer é: "Se tiver uma confusão e o cliente xingar, maltratar você, o que você vai falar para ele?" É importante observar se a pessoa está respondendo de forma autêntica e verdadeira ou se está apenas pensando na resposta que seria a certa. Nesses momentos, procuro colocar toda a atenção no que ela diz para saber se está apenas dizendo o que eu gostaria de ouvir, ou se está sendo sincera.

Para que a pessoa se encaixe no estilo da minha liderança, que é a "Gestão com Amor", a entrevista segue baseada em três pilares, que considero fundamentais:

1-Quem é Deus para você?
2-Quem você é?
3- Qual o seu propósito, qual a sua missão nesta vida?

E sabe por que faço essas perguntas? É que, dependendo da resposta que recebo, sei exatamente onde eu vou começar trabalhar. Por exemplo, vai ter alguém que vai chegar para mim e falar: "Ah, Deus é tudo pra mim." Dizer que Deus é tudo é muito vago. Eu já acendo a luz amarela de alerta, porque pessoas que dão respostas vagas e genéricas costumam ser pessoas que não se conhecem profundamente. E a falta de autoconhecimento pode levar a problemas com relacionamentos. Se eu optar por contratar alguém que já me deu indícios de que não se conhece bem, seja porque ela é muito boa tecnicamente, seja porque é uma pessoa disposta a aprender e a crescer, já sei que terei que me dedicar a desenvolver essa pessoa. Como? Eu vou trabalhar com linguagem de amor, perfil comportamental, o temperamento... Eu vou anotando tudo o que a pessoa me diz e, na hora, não falo nada. Depois dessa entrevista, digo que vou avaliar e pensar.

Eu reflito bastante, porque não se trata simplesmente de encontrar a pessoa perfeita. Afinal, todos nós temos um lado ruim e um lado bom e, geralmente, quando você desenvolve o seu lado bom, ele vai sobressair. Então, o segredo do sucesso de uma contratação, com base na gestão do amor, é identificar a essência da pessoa. Isso não quer dizer que ela precisa estar pronta, mas sim que existe espaço para que o lado bom dela seja desenvolvido. Tem uma profissional na minha equipe que, logo de cara, eu vi que tinha uma capacidade muito alta. O problema é que ela chegou emocionalmente destruída. Ela não sabia quem ela era de verdade; não conseguia reconhecer a sua alta qualidade. Quanto mais produzia, mais ela se sentia incapaz. Ela vivia exausta, achando que nunca entrava o suficiente, que não era boa o bastante. Até que um dia eu cheguei para ela e falei: "Que tal a gente trabalhar algumas coisas em você para que não fique tão cansada? Tenho certeza de que você vai conseguir produzir o suficiente, não em quantidade, mas em qualidade. Você vai aprender a produzir com excelência." Então, fomos trabalhando a autoconfiança dela, fui mostrando o que era importante que ela fizesse e o que ela não precisava fazer. Essa moça foi ficando tão boa, mas tão boa, que hoje é a segunda Verônica na empresa. Inclusive, eu acredito que Deus mandou essa pessoa para minha equipe para me desafogar. Eu orei, pedi para aparecer uma pessoa que pudesse me dar um suporte e ela veio. Ela é uma pessoa que contrata, que demite, cria processos... é capaz de atuar em várias frentes. Claro que eu vou acompanhando, que tudo vai passando por mim. Mas ela também tem autonomia. Esse é um exemplo de como acertar na seleção. O que eu enxerguei nela foi muita qualidade técnica e muito potencial para assumir responsabilidade. Eu sabia que ela precisava de uma boa dose de autoestima, mas consegui ver que estava aberta para ser modificada. Por isso, valeu a pena investir nessa pessoa, Na "Gestão com Amor", a gente olha muito o ser humano e seu comportamento, sua abertura, sua vontade de aprender, de fazer a coisa certa.

Deus, família e trabalho

Se eu vejo que um candidato tem as características para a vaga que eu estou oferecendo e o perfil que se encaixa na "Gestão com Amor", eu o chamo para uma segunda conversa. Nesse momento, conto quais são os valores da nossa empresa. Digo assim: "Olha, aqui na empresa Deus vem em primeiro lugar, junto à família e depois o trabalho. Nessa ordem." E eu também observo a reação dela para entender se ela está alinhada com esses valores. Na maioria dos casos, a pessoa fica surpresa, porque geralmente os patrões falam que na empresa o trabalho vem em primeiro lugar. Aqui, conduzimos de outra forma, porque entendo que, se eu falar que a empresa vem em primeiro lugar, a pessoa vai trabalhar sempre comigo pelo salário, ela não vai trabalhar pela empresa. Agora, se digo que em primeiro lugar vem Deus e a sua família, ela pode até achar um salário maior no concorrente, mas nada, nenhum salário, é mais valioso do que a empresa valorizar a família do funcionário. Afinal, no dia que ele tiver com dificuldades, no dia que seu filho estiver doente, ele vai ter a abertura de pedir para faltar, sem ser mal interpretado, sem correr o risco de perder o emprego por isso. E existe mesmo essa abertura, sempre num ambiente de muita clareza e de muita transparência. Sem espaço para mentiras.

Hoje a minha equipe está tão "redonda" e os nossos valores estão tão claros, que nem sou eu mais quem faz as entrevistas de seleção. A pessoa encarregada disso sabe tudo o que eu pergunto, tudo o que eu faço e ela conduz a entrevista exatamente igual a mim e de uma forma até um pouquinho mais sofisticada. Quando chegamos nesse ponto, é muito gratificante, porque vemos que a empresa tem uma alma única. Esse jeito de fazer e de ser acaba trazendo para perto e mantendo quem tem os mesmos valores.

CHECK LIST PARA SELECIONAR COM AMOR

- Pergunte num primeiro momento:
Como você soube desta vaga?
Por que você quer trabalhar aqui?
Onde você trabalhou?
Como lidou com conflitos na empresa anterior?
Teve algum desentendimento na empresa anterior? Como resolveu?
O que você gostaria de ter realizado na empresa anterior e não realizou? Por que?
- Pergunte num segundo momento:
Quem é Deus para você?
Quem você é?
Qual o seu propósito, qual a sua missão nesta vida?
- Ouça além das palavras, procurando ler a pessoa e ver o quanto é sincera.
- Avalie não apenas o potencial técnico, mas também a personalidade e abertura a ser desenvolvida.
- Chame para uma nova conversa e diga quais são os valores da sua empresa, por ordem de importância. No caso da "Gestão com Amor", eles são: Deus, família e trabalho.
- Avalie como a pessoa reage aos valores. Se está na mesma sintonia ou não.

Princípio 2- Delegar funções com empatia

> ***"Confia ao SENHOR as tuas obras, e teus pensamentos serão estabelecidos."***
> ***Provérbios 16:3***

Você não vai crescer sozinho, você não vai fazer a sua empresa prosperar e escalar carregando o mundo nas suas costas. Não tem como. Não tem como eu, Verônica, ser tudo, o tempo todo. Não tem como eu ser atendente, cuidar das finanças, cuidar do marketing, cuidar da minha casa, cuidar de liderança, fazer a gestão de pessoas, ir ao banco, fazer pedido, repor estoque. Não tenho condições, e ninguém tem. Para crescer, você precisa de gente, cada um cuidando de um pedacinho, especializando-se naquilo.

Se fosse viável fazer tudo, eu continuaria no meu pratinho descartável, na minha casa, do mesmo jeito que fazia. Talvez melhorasse um pouquinho mais a embalagem, mas estaria no mesmo lugar. Eu ainda estaria lá, sem prosperar muito, porque sem a ajuda das pessoas, ficamos limitados. É por causa das pessoas que trabalham comigo, das pessoas que me dão suporte, que eu tenho crescido, ano após ano. Isso diz respeito a delegar funções, que é um papel muito importante na gestão de pessoas e liderança. Saber exatamente qual a função de cada uma das peças de sua equipe, e distribuir de maneira efetiva o cada um faz.

Quando eu entendi a importância isso, Deus se revelou na Terra para mim. Claro que cometi erros, mas fui aprendendo a identificar quem é a pessoa certa, para cada função. Uma ferramenta que me ajudou com isso foi a análise comportamental DISC, que tem como objetivo descobrir como a pessoa pensa e age. Com isso, o gestor consegue direcioná-la para o trabalho mais adequado, que vai fortalecer sua autoestima, porque está alinhado com suas competências e habilidades. Com isso, a produtividade e as chances de as tarefas serem bem executadas aumentam. Nessa análise, um dos perfis abaixo vão se destacar. Note que o nome da metodologia DISC é formado por um acróstico dos perfis mentais:

- Dominância
- Influência
- Estabilidade
- Conformidade

Abaixo, o que cada um significa:

- **Dominância** — indica como a pessoa reage diante de dificuldades e obstáculos. Quem obtém pontuação alta costuma ser competitivo e objetivo.

- **Influência** — aponta pessoas com boa capacidade de comunicação, otimistas, populares e com boa capacidade de criar relacionamentos. Quem tem perfil mental influente costuma apresentar alta capacidade de influenciar outras pessoas. Além disso, costuma trabalhar em grupo facilmente e ser uma ótima opção para gerir pessoas.

- **Estabilidade** — É o perfil mental de quem tem como ponto forte a resiliência. Um profissional com essa característica tem capacidade de lidar com mudanças e imprevistos. Outro ponto que vale a pena destacar é que ele tende a ser paciente e uma pessoa aberta a ouvir e considerar diferentes pontos de vista.

- **Conformidade** — É aquela pessoa fácil de lidar, que não tem problemas em cumprir combinados e aceitar as regras. Costuma ser mais quieta, analítica, detalhista e perfeccionista.

A partir dessa análise, consigo alocar as pessoas certas para as posições certas, para os momentos certos e não tenho mais problemas. Afinal, não tem nada pior do que você pegar uma pessoa que é dominante, que tem postura de liderança e colocá-la em estoque, numa área em que ela não tem que interagir com ninguém. Ela vai liderar o quê? Nada. A pessoa grita por liderança e está num cargo em que vai liderar marmita, container! Esse colaborador vai ficar frustrado, desmotivado, porque não está sendo aproveitado da melhor maneira, não está colocando em ação suas principais qualidades. E todos precisamos atuar dando aquilo que temos de melhor. O mesmo vai acontecer se você colocar um profissional influente, que cria relacionamentos com muita facilidade, nos bastidores. Sabe aquela pessoa que dá bom dia, pergunta se o seu filho está bem e como foi a viagem de férias, que em três minutos de conversa já se conecta com o cliente? Pense que desperdício deixá-la isolada numa função em que só vai interagir com uma planilha. Mais um exemplo? Imagine escolher uma pessoa conforme para atuar nas vendas. Sabe o que vai acontecer? Há um grande risco de quebrar a empresa. Uma pessoa conforme não se sente bem tendo que se relacionar com pessoas. Ela gosta é de trabalhar no estoque, na dela. Ali, ela é perfeita, porque pode usar todo o seu senso de organização. Mas como descobrir isso? Estudando, aprendendo sobre liderança.

CHECK LIST PARA DELEGAR COM AMOR

- Rompa com a ideia de ser super-homem ou mulher-maravilha e entenda: você não pode fazer tudo na sua empresa.
- Para crescer, é necessário dividir as tarefas e delegar cada parte para uma pessoa.
- Conheça a sua equipe e o perfil de cada colaborador a fim de colocar cada um fazendo aquilo para o qual tem talento.
- Uma ferramenta que ajuda nisso é a análise mental DISC, que mostra se uma pessoa é dominante, influência, estável ou conforme.

Princípio 3 - Treinar para valorizar as pessoas

> ***"Mas ele me disse: 'Minha graça é suficiente a você, pois o meu poder se aperfeiçoa na fraqueza'. Portanto, eu me gloriarei ainda mais alegremente em minhas fraquezas, para que o poder de Cristo repouse em mim."***
>
> **2 Coríntios 12:9**

Quem cuida da produção todinha da tapioca é a Suzana. Pergunte a ela se eu preciso checar todo o dia, se eu preciso me preocupar com estoque, como é que está organizado. A resposta é não. Acho que passo por lá só para ver como está bonito. Aliás, lindo! Ela chegou sabendo? Não, eu treinei. Muito. E hoje eu tenho toda essa tranquilidade de saber que a tapioca está em excelentes mãos. Muito. Hoje ela sabe o ponto, a textura, a cor, a quantidade de horas que vai ficar no forno, quando vai embalar, quando vai empacotar, ela sabe tudo.

Treinamento é um passo importante passo na gestão e desenvolvimento de pessoas, e uma ótima forma de melhorar as capacidades de seus talentos, deixando-os ainda mais preparados e motivados. Treinar seus profissionais demonstra que sua empresa se preocupa com a formação individual de cada um de seus colaboradores. Além de seus profissionais ganharem novos conhecimentos, sua empresa poupa recursos e esforços em não precisar buscar novos talentos, realizando a contratação de um novo colaborador.

Treinamento técnico

Na "Gestão com Amor", a filosofia por trás do treinamento é o gestor compartilhar tudo o que aprende de novo. Eu tenho o desejo de que todo mundo que passar pela minha gestão nunca saia da mesma forma que entrou. Essas pessoas vão sair diferentes e se lembrar de que tiveram uma chefe de excelência. Eu sempre idealizei isso, desde o começo, desde quando eu comecei a minha companhia de faxina. E sempre soube que o Senhor me daria a graça de ter capacidade de poder treinar, ensinar e fazer com que as pessoas se tornassem muito melhores do que eu nas tarefas que eu ensinasse a elas.

Treinar com amor é ampliar as possibilidades, é ir muito além do egoísmo, da vaidade e do orgulho. Quem treina com amor não quer ser a chefe ou chefão melhor que todo mundo. Pelo contrário. Quer mais é que sua equipe dê um banho de talento e capacidade. Eu falo com muita clareza hoje que quem faz a minha melhor tapioca é a Camila. Quem a treinou fui eu, mas pergunta se eu como a tapioca que eu faço, quando eu estou no restaurante? Eu como a da Camila, porque a dela é muito melhor do que a minha. Mas eu a treinei para ser melhor que eu. Lembro que a contratei por telefone. Ela veio por referência de uma outra moça que trabalhava comigo. Eu tinha uma vaga na recepção e estava precisando com urgência de alguém que falasse inglês. Era uma quinta-feira, quando nos falamos. E eu sugeri que ela começasse na segunda, que era um dia mais tranquilo, porque no final da semana o restaurante era muito movimentado. Disse que se ela iniciasse num dia muito lotado, poderia se assustar com a pressão, a correria. Ouvi do outro lado ela me dizer:

– Não tem problema! Eu quero ir no dia da pressão, no meio da confusão.

A Camila foi uma das pessoas que treinei mais de perto, porque já havia passado algumas pessoas na recepção que diziam que sabiam falar inglês, mas não falavam. Eu precisava ter certeza de que tinha encontrado a pessoa certa. Quando chegasse um cliente americano, já ia mandar a nova contratada conversar. Como eu não tinha muito tempo para fazer um treinamento intensivo, porque precisava estar também nas outras áreas da operação, estabeleci uma semana.

– Camila, eu não tenho tempo de ficar aqui treinando você por um mês, nem quinze dias. Então, você tem que ser muito boa nisto aqui.

Realmente, ela é muito inteligente, entendeu como o sistema funcionava, já no primeiro dia. Ela não era muito boa para organizar as coisas, chegar e ver se o chão estava limpo, repor produtos, mas a treinei e ela ficou muito boa. Nas ligações dos clientes para fazer pedidos, expliquei como tinha que se portar, o que falar e realmente ela pegou tudo muito rápido.

Aliás, todos os colaboradores que estão no atendimento fui eu que treinei – treinei para serem melhores do que eu. Vejo todo mundo falando: quero ser atendido pelo Elvis, pela Camila... Glória a Deus! Porque, enquanto isso, eu estou trabalhando nos bastidores, trabalhando em estratégias, eu estou trabalhando em crescimento. Eu não estou competindo com eles, eu quero mais é que eles cresçam.

Desenvolvimento emocional

Existe um treinamento que pode ser opcional em outras empresas, mas que considero essencial quando se trata de "Gestão com Amor": o desenvolvimento emocional. Eu posso dizer até que é mais forte do que eu. E que eu simplesmente não consigo deixar de fazer algo quando vejo que a pessoa está precisando. Como você já percebeu, meu modo de trabalhar é muito próximo da minha equipe. Eu converso com as pessoas, procuro entender o que leva cada uma a ser da maneira que é. Faço isso desde o momento da seleção, desde a primeira vez que nos conhecemos. Isso faz com que eu consiga ler nas entrelinhas e me conectar com cada um que trabalha comigo. De acordo com suas atitudes e suas falas delas, posso entender o que aconteceu com elas e como posso trabalhar para ajudá-las.

Claro que vou até um certo ponto. Se entendo que a questão é muito pessoal e que eu seria invasiva, recuo. Quando se trata de alguma questão emocional, que precisa de ajuda especializada, encaminho o colaborador para um profissional. O que eu não fico é indiferente às pessoas. Estou sempre atenta, observando se elas estão bem ou se precisam de algum apoio emocional. Já tive pessoas maravilhosas trabalhando comigo que, da noite para o dia, começavam a ter crise de ansiedade, depressão. Eu não podia ficar indiferente. Chamava a pessoa para conversar e tentar entender o que estava acontecendo.

Sempre que posso dar uma palavra de estímulo para a pessoa procurar ajuda e ficar bem, eu faço isso. Procuro mostrar que Deus não nos criou para sentirmos dor. A gente pode e vai passar por situações desafiadoras, mas elas não podem contaminar nossa vida ao ponto de se acostumarem a viver sofrendo e infelizes. A vida vai fazer você sentir dores muitas vezes, mas você não tem que simplesmente aceitar e se acostumar com elas.

O ser humano tem capacidade de se acostumar tanto com coisas boas, quanto com coisas ruins. Se a pessoa assume para si que é normal sofrer, o cérebro faz com que ela fale: "Eu nasci para isso aqui". E nós não nascemos para viver no sofrimento, nem na tristeza. Uma pessoa incrível, com um potencial gigantesco, pode acabar não conseguindo enxergar o valor que ela tem por acreditar na ideia de que nasceu para sofrer.

Tenho o exemplo de uma colaboradora, que é uma profissional maravilhosa. Tinha feito três faculdades, feito mestrado, falava inglês fluente e não conseguia ver valor em si mesma. Tudo o que ela fazia, na minha visão, eu considerava perfeito, impecável. Eu não conseguia ver um defeito. No entanto, a autocrítica dela era muito alta. Nada estava bom. Até a postura dela mostrava como ela se depreciava. Ela andava toda curvada. Eu comecei a falar para ela: "Uma mulher tão inteligente, que tem muito mais formação do que eu, não pode andar toda encolhida."

Comecei a mostrar para ela que ela podia ser mais autoconfiante e ela começou a mudar a postura dela. Passaram-se alguns meses e ela começou a ter crises de pânico. Desabava no choro, do nada. E a primeira vez eu achei que era emocional, físico, mas depois da terceira vez eu decidi orar por ela. Com o passar do tempo, ela foi melhorando, nossa conexão aumentou. Ela ganhou o meu respeito, a minha confiança. Continuava fazendo tudo perfeito. Até que um dia teve uma crise desesperada de choro, porque tinha errado um número, na hora do fechamento do caixa. Perfeccionista ao extremo. Não conheço ninguém da família dela, que mora no Brasil, mas entendi que o comportamento dela tinha origem na forma como ela foi criada. Decidi falar o que eu sentia em relação à postura dela:

– Deixa eu te falar uma coisa. Eu acho que em algum momento da sua vida alguém falou que você não era boa o suficiente. Talvez isso tenha sido na sua infância e ficou gravado em você. Porque eu não me conformo que você faz tudo com tanta excelência e não vê valor nas coisas que você faz!

Ela desabou. Começou a chorar e me contou:

– Minha mãe me criou para ser perfeita. Eu chegava com nota 10 da escola e ela sempre falava apenas que não tinha sido mais nada que a minha obrigação. Eu fazia o melhor trabalho e ela dizia que estava ok ou que poderia ser ainda melhor. Eu nunca recebi um elogio da minha mãe. Ela queria que eu fosse perfeita.

Naquele momento eu entendi tudo e vi que poderia ajudar essa funcionária a se desenvolver, reconhecendo todo seu talento e sua capacidade. Ela precisava tirar o véu da crença de que não era boa o suficiente e enxergar como era uma profissional maravilhosa. Ela precisava tirar esse peso de si mesma, porque não havia nada de errado com a performance dela. Pelo contrário. Para isso, tinha que aprender a perdoar sua mãe e entender que todos nós temos o direito de falhar, todos nós temos o direito de errar. A vida dela mudou completamente quando ela entendeu isso.

CHECK LIST PARA TREINAR COM AMOR

- Tenha generosidade e entregue todo o seu conhecimento. Não sonegue informação.
- Tenha humildade e ensine para que a pessoa seja melhor do que você. Com isso, você e ela só têm a ganhar.
- Só pare de treinar quando tiver certeza de que a pessoa dominou aquela tarefa.

- Sempre que trouxer novidades para a empresa, treine as pessoas para que elas não fiquem defasadas em conhecimento. Todos têm que ficar na mesma página para não dependerem do gestor.
- No treinamento da "Gestão com Amor" há espaço também para o desenvolvimento emocional. Se você identificar que um colaborador precisa de ajuda nesse sentido, encaminhe-o para uma ajuda profissional. E faça a sua parte para ajudar no que estiver ao seu alcance, encorajando-o a se cuidar e se fortalecer emocionalmente.

Princípio 4 – Comunicar para gerar entendimento

> ***"Porque eu bem sei os pensamentos que tenho a vosso respeito, diz o SENHOR; pensamentos de paz, e não de mal, para vos dar o fim que esperais." Jeremias 28:11***

Um bom líder deve estar em comunicação constante com seus colaboradores. A comunicação aberta é fundamental e para isso é importante que você se coloque disponível, presente e envolvido com cada um deles. Acabamos de falar de treinamento e o sucesso disso está intimamente ligado à comunicação. Não tem como você falar para a pessoa o que quer que ela faça e virar as costas. Tem que existir um diálogo. Ter certeza de que ela entendeu o que você disse, tirar dúvidas. Parece óbvio, mas muitas vezes pulamos essa etapa por não nos darmos conta de que algo que parece claro e simples para quem já faz há algum tempo, pode gerar um monte de dúvidas para uma pessoa que está chegando naquele novo contexto. E aí acontece de contratar um profissional para fazer uma tarefa e ele simplesmente não executar direito ou nem executar. Você que tem que explicar o passo a passo, comunicar-se bem. Uma vez que você treinou, uma vez que levou a pessoa a entender de fato o que é para fazer, cheque, pergunte e confirme se ela entendeu ou... entendeu tudo errado. No segundo caso, a culpa é dela? Não. Não existe culpa. Existe, sim, a necessidade de melhorar a comunicação que não foi clara. A falta de comunicação pode levar a vários problemas em uma organização, que podem ir desde uma falha em algum processo, ou até mesmo à falta de integração da equipe. Comunicar bem é uma habilidade necessária a todos os seus colaboradores, e é imprescindível para qualquer equipe de trabalho.

Assim como um líder precisa ter uma boa comunicação com sua equipe, seus colaboradores também precisam se comunicar com eficiência. Uma boa comunicação representa uma grande ajuda para que os gestores consigam desempenhar suas funções essenciais, como: planejar, organizar, motivar, avaliar. O uso de tecnologias, como softwares de comunicação, são grandes aliados, promovendo acessibilidade, facilidade, rapidez nas comunicações de sua equipe. Então, invista em tudo o que for necessário para facilitar a comunicação e o entendimento com sua equipe. Nas minhas orações, eu sempre peço: "Deus, se o Senhor deu entendimento para José, também pode me dar. Me fala, me mostra como eu vou treinar essas pessoas, as palavras que eu vou usar". Se estamos passando por um problema ou tivemos um problema, reúno o time e pergunto: "Gente como é que vamos resolver isso aqui?" Às vezes, eu até já tenho a solução para aquilo, mas dou oportunidade de falarem, de mostrarem o seu valor, que são importantes, que eu ouvi o que foi acrescentado. Também sei que, por mais que eu já tenha ideia do que fazer, sempre pode vir uma solução melhor ou um complemento que faz a diferença. Então, faço com que a comunicação seja uma troca sempre. Não é aquele negócio de a chefe manda e o resto obedece.

A arte de comunicar com amor também está presente em outras situações do dia a dia do gestor, como na resolução de conflitos. Para isso, o gestor tem que cuidar muito do seu emocional e do seu equilíbrio. O líder tem que aprender a ter resiliência e a conseguir olhar a situação, sem se envolver a ponto de perder a razão. Uma situação que acontece é um funcionário estar insatisfeito e despejar em você um caminhão de problemas. Um líder que não exerce a humildade pode achar que, por estar acima na hierarquia, por ser o dono da empresa, tem o direito de colocar a pessoa no lugar dela e acabou, nem dar chance de ela falar. Mas não é nisso em que acredito. Na comunicação com amor, a pessoa pode vir falar comigo em um estado emocional alterado que eu não vou me abalar. Vou procurar ficar plena, ouvir, manter o controle emocional. Ser gestor é também saber fazer uma gestão emocional, de saber quem você é em Deus. Com essa postura, você consegue trazer a pessoa para o diálogo e para o entendimento.

É muito comum também, no dia a dia da empresa ter que resolver, por exemplo, desentendimentos entre funcionários. Quando um colaborador está estressado e vem reclamar comigo de outra pessoa da equipe, primeiramente, eu espero ele se acalmar. E digo exatamente isso para ele: "Quando você estiver tranquilo, nós vamos conversar". Pode ser que a pessoa respire fundo e mude o tom na mesma hora. Pode ser também que ela retome a conversa apenas no dia seguinte. Depois que ouço tudo sobre o ocorrido, pondero, olho as situação por todos os lados e, quando vejo que quem está reclamando não tem razão, ou tem uma parte de responsabilidade no conflito, pontuo, dizendo: "A forma como você agiu, não foi a forma correta." Algo que eu procuro eliminar totalmente é a fofoca. Quando alguém vem falar por trás de outra pessoa, é certo que vou questionar a atitude e dizer que não aceito. Uma maneira muito eficiente de esclarecer fofocas é colocar os personagens envolvidos frente a frente. Eu ouvia, acatava o que um dizia e, no outro dia, chamava as pessoas para uma reunião e dizia: "Agora quero ouvir a versão de cada um". Geralmente, quem estava mentindo ficava sem chão. Aos poucos, eu fui mudando a cultura da minha empresa para que todos sejam transparentes. Para chegar a esse ponto, tive que chegar ao extremo de, depois de conversar, mandar a pessoa embora, por entender que ele era uma erva daninha, que só iria contaminar os outros com intrigas.

Nossa vida, a nossa empresa, a nossa casa são como uma horta, uma fazenda, um solo em que a gente faz a nossa plantação. Planta o milho ou o feijão. Depois de um tempo, aparece um mato crescido. Você arranca aquele mato. Passa uma semana, o bendito do milho e do feijão não cresceu de novo. Você arranca uma outra leva de mato. Sempre tem que cuidar para que o mato não cresça e atrapalhe a colheita. Então, pense que a sua mente de gestor é a terra fértil, cheia de boas ideias e vontade de fazer com que o sucesso germine. Então, tire do seu ambiente de trabalho a fofoca, as brigas e tudo o que vai minar a energia da sua equipe. Elimine. Não é dar bronca, não é falar nada. É cortar pela raiz. Se alguém tentar colocar uma semente de erva daninha na sua mente, você deixa aquela semente germinar? Se permitir, ela vai crescer, crescer e virar um problema. Ao passo que, se você arranca a semente do mal e planta no lugar uma semente boa, uma semente de paz, uma semente de compromisso, de organização, de empatia, o problema não vai crescer. Pelo contrário, aquela semente do entendimento vai germinar.

CHECK LIST PARA COMUNICAR COM AMOR

- Procure manter a comunicação clara, explicando o que quer que seja feito e ouvindo o seu colaborador para garantir que ele entendeu.
- Além de falar, é preciso ouvir para que não haja mal-entendidos.
- Cuide do seu equilíbrio emocional para lidar com problemas, intrigas e fofocas, sem perder o controle.
- Tenha foco em achar soluções em vez de se envolver ainda mais no problema.

- Quando tiver que lidar com uma fofoca, não compre nenhuma versão antes de colocar as pessoas frente a frente, e entender o ocorrido de maneira clara.
- Impeça que as ervas daninhas da discórdia contaminem sua equipe. Trabalhe sempre para que haja entendimento e transparência entre os colaboradores.

Princípio 5 – Criar um ambiente propício para relações harmônicas

"Mas, buscai primeiro o reino de Deus, e a sua justiça, e todas estas coisas vos serão acrescentadas." Mateus 6:33

Quem decide, quem coloca os princípios e as regras no ambiente de trabalho é o gestor. Eu não falo palavrão, não grito com funcionário, não faço fofoca. Esse é o meu posicionamento. Por isso, logo na entrevista eu já aviso: "Aqui nós não permitimos fofoca, intrigas, brigas, palavrões". Quando contrato alguém no restaurante e vejo que o ambiente mudou, procuro saber imediatamente o que está acontecendo. Isso porque dou muito valor a criar um ambiente de trabalho positivo. Um ambiente de trabalho positivo eleva a moral de seus colaboradores e faz com que eles se sintam motivados a trabalhar para o sucesso de sua empresa. Um bom ambiente de trabalho impacta diretamente na relação entre os gestores e seus colaboradores, promovendo um alinhamento maior entre todos, melhorando os resultados de toda a equipe.

Portanto, um bom ambiente de trabalho leva a:
- maior motivação dos funcionários
- aumento na produtividade
- aumento da retenção de talentos em sua empresa

Mostro para minha equipe um lugar em que eles vão encontrar, literalmente, uma vida em abundância. Ter uma vida abundante não diz respeito apenas a números. A abundância, sobre a qual a Bíblia fala, é você ser uma pessoa completa, é trabalhar no que gosta, é ter pessoas ao seu redor que te fazem bem. Eu não gostaria de ter no meu restaurante, ao meu redor, pessoas que eu não conseguisse amar, que não conseguisse dar um abraço, que só mantivesse no time por ser um bom profissional, apenas para tirar proveito da máquina que ela é. Não, eu não quero máquinas! Eu quero entrar ali no ambiente de trabalho e ver um ser humano para o qual olho e vejo Jesus na vida dele. Quero olhar no rosto dele e ver a transformação na vida daquela pessoa, sabendo que ela está trabalhando feliz, plena, na sua melhor versão. Para a honra e glória do Senhor, eu vivo isso, eu vivo as pessoas. Tanto que é comum eu contratar as pessoas para trabalhar e, depois de uma, duas semanas elas falarem para mim: "Verô, eu não sei o que é, mas sinto que aqui é um ambiente diferente, aqui é um lugar leve. A gente até trabalha muito, o corpo fica cansado, mas a mente da gente fica leve. Eu não sei, aqui tem algo diferente".

Posso dizer com toda convicção: no nosso ambiente não tem espaço para contenda, para briga. Como o ritmo de trabalho das entregas é muito cronometrado, nem nos momentos de pressão, em que estamos naquela correria com os pedidos e acontece alguma falha, deixamos o baixo astral chegar. Lidamos com maturidade, procurando resolver, sabendo que erros acontecem. De modo nenhum temos ambiente hostil, pesado, para onde as pessoas nem têm vontade de ir trabalhar.

Os ingredientes do alto-astral

Para manter o ambiente de trabalho em alto astral, temos alguns costumes especiais. Quando uma pessoa entra de férias, na sua volta, tem festa de boas-vindas para ela. Por falar em festa, nós comemoramos o aniversário de todo mundo. Há pessoas que antes de trabalharem comigo que nunca tinham comemorado um aniversário na vida! Nunca, pois os pais nunca tinham comemorado. E agora ficam até feliz porque está chegando sua data. A gente leva uma flor, compra bolo, todo mundo se reúne, compra um presente ou um cartão vale-presente. Essas atitudes mudam o ambiente. Mudam as pessoas e fazem com que elas queiram ficar. Tanto é que, praticamente, não perco funcionários que saem do restaurante para irem trabalhar no concorrente. Só perco mesmo quando a pessoa está voltando para o Brasil ou está mudando de estado. Isso porque a experiência do dia a dia vale muito. Vale mais até do que um salário maior. Porque uma das maiores dificuldades de um empresário é exatamente esse troca-troca de colaborador. Quando você tira uma pessoa para colocar outra, perde dinheiro, perde tempo. Tem que treinar uma pessoa nova do zero e isso tudo gera desgaste, principalmente se for constante. Quando a equipe se mantém, ou a grande maioria se mantém, o negócio ganha agilidade, anda para frente. Hoje, por exemplo, aplicando a "Gestão com Amor", tenho 16 funcionários e uma rotatividade baixíssima. Além disso, sei que tem gente na fila para trabalhar com a gente. Isso acontece porque a boa fama também se espalha. É muito gratificante.

Outra forma de manter o ambiente em harmonia é procurar saber o grau de satisfação das pessoas. Eu não consigo fazer isso o tempo todo, mas volta e meia eu escolho algumas pessoas para conversar, informalmente, para saber como está sendo o trabalho, se tem acontecido alguma coisa diferente, boa ou ruim. Eu sempre faço esse acompanhamento com eles. E minha meta é que as pessoas só tenham coisas boas para falar, espontaneamente. Quero que elas se sintam acolhidas, num ambiente de crescimento, de alegria, em que se sintam livres e dispostas a dar o seu melhor. Toda vez que vejo que estou conseguindo isso, eu nem consigo descrever precisamente em palavras o que sinto. Me sinto literalmente completa. Sabe uma mãe quando vê o filho nascer, quando vê o filho crescer, andar, e sente aquela coisa boa dentro dela? Sinto a mesma coisa quando eu vejo esse pessoal crescendo, quando eles compram um carro, mudam de casa, estão evoluindo e trabalhando felizes. E faço o que estiver ao meu alcance para que eles estejam cada vez mais realizados. Quero saber qual o sonho de cada um para poder ajudar. Se for sonho financeiro, vamos trabalhar para chegar até a pessoa conseguir. Esse é o meu chamado, essa é minha missão, ser capaz de mudar o dia, o cotidiano, a vida de alguém.

Conta comigo!

A comunidade brasileira com quem eu trabalho, vive a pressão de estar longe do país, longe da família. Às vezes, se chega aqui sem dinheiro, sob ameaça. Então, muitas pessoas chegam com uma carga de estresse muito grande. O que elas precisam? O que estão mais precisando é de um acolhimento. É de amor. E eu não tenho problema nenhum de chegar lá, ver alguém triste e perguntar: "O que aconteceu, por que essa cara emburrada?" Mesmo que a pessoa diga que não é nada, eu falo: "Então vem cá, deixa eu te dar um abraço e coloca um sorriso no rosto. Deus te criou para ser assim, você não tem motivo para ser triste, você está com saúde, sua família está bem, você está bem, você está trabalhando, você está comendo e eu estou aqui para te ajudar". Então, eu levo muito nessa vibração de animação, de alegria e isso contagia o ambiente de trabalho. Essa é a minha essência, que desejo que prevaleça no meu negócio.

Trouxe para o meu negócio um ambiente harmonioso, um ambiente em que se um sente uma dor, todo mundo sente. Se um está bem, está todo mundo bem. Um ganha, todo mundo ganha. Fui trazendo esses valores de relacionamento, esses princípios para dentro da minha empresa. Trouxe a importância que cada um tem. Quem você é, qual é a função que você tem dentro da empresa, para que você foi criado. Não é porque você é cozinheiro, porque é a faxineira, que não tem valor. A empresa é como se fosse um corpo e eu preciso que todos os membros funcionem e funcionem muito bem. Para Deus e para minha vida, todos têm a mesma importância. Nós temos a mesma essência, nós temos o mesmo valor diante do Senhor. O que importa é o que está dentro do meu coração, a forma que eu estou agindo. Lembra da história de José? Não importa se ele estava na prisão, se ele estava servindo Potifar ou se ele era o rei do Egito. Ele agia da mesma forma, em todas as situações. E essa boa atitude, compartilhada com todos, eleva a energia de qualquer ambiente de trabalho.

Uma vida com equilíbrio para todos

Hoje as pessoas querem o quê? Flexibilidade no trabalho, elas querem que você tenha compaixão por suas necessidades fora da empresa. E não se trata apenas de querer por um luxo, um capricho. Todos nós precisamos ter esse equilíbrio. Falo isso por mim. Sei como é importante ter uma equipe para que eu possa exercer os meus outros papeis na vida.

Eu sou mãe, sou esposa, sou empresária, sou dona de casa, sou serva e sirvo à comunidade, sou mulher. Não tem como eu me definir como uma coisa só. E assim são todas as outras pessoas. Como ser humano e como gestora eu preciso entender que cada uma que trabalha comigo é muito mais do que recepcionista, cozinheiro, faxineiro, gerente. Existe toda uma vida além do trabalho. Então, não posso contratar alguém exigindo que seja uma máquina. Não existe uma mulher, um homem que vá trabalhar como uma máquina. Tem dias que não vai estar bem, tem dias que vai estar muito bem, tem dia que perdeu alguém da família ou que o filho acordou doente, que precisa de um tempo para o filho. Quando você entende isso, vai buscando essa empatia de se colocar no lugar do outro.

Certa vez, uma funcionária nota dez me contou que estava preocupada, porque o seu filho estava passando muitas horas com a babá, porque ela não conseguia ter tempo para ficar com ele. Conversamos e falei que daríamos um jeito. Ajustamos o horário, treinamos outra pessoa para que ela pudesse ter mais folga. A mãe é aquela que cuida, que abraça, que a criança cai e você vai lá dar um beijo, incentiva. O fato de eu ser uma empresária hoje não me tira essa posição de mãe. Portanto, sempre aconselho as mães, porque nós precisamos cuidar dos nossos filhos, estar presentes. Não é simplesmente confiar nas pessoas e terceirizar a educação. Temos que acompanhar nossas crianças, conversar com elas e estarmos atentas. Trabalho no departamento infantil na minha igreja e sempre trago para as mães a importância que nós temos na sociedade criando nossos filhos. Então, não teria como ser diferente no meu negócio. Às vezes é uma coisa tão simples, conversa tão simples de se resolver e nós, como líderes e como empresários, dificultamos tanto. Corremos o risco de perder o nosso melhor funcionário por causa de coisa tão boba e fácil de se resolver.

Existe também uma flexibilidade para dias atípicos. Por exemplo, se alguém amanheceu doente, sem condições de trabalhar, temos um combinado. Não é para simplesmente sumir. O que eu peço é que me conte o que aconteceu e chegamos num acordo. Por exemplo: "Verônica, hoje eu não estou bem, tem como eu não trabalhar ou tem como eu trabalhar só meio período?" "Verô, minha filha está doente. Tem como alguém me substituir?" O que eu peço é que me falem a verdade e aí, dentro da verdade, a gente consegue ajustar e vai criando um relacionamento, uma confiança entre nós. Quantas vezes eu já tive que parar algo que estava fazendo para cobrir um colaborador! Com o tempo, vou conhecendo as pessoas e sei quem não mente para mim. Além disso, temos um papo aberto. Se, por algum motivo, eu não tenho condições de liberar a pessoa, porque não tem ninguém para ficar no lugar, a gente procura encontrar uma solução que possa ajudar, sem que a pessoa se ausente do trabalho totalmente. Nesses casos, eu procuro negociar uma solução que seja boa para todos: "Não tenho como te liberar hoje porque é um dia muito cheio, ou já tem alguém de folga, mas eu me comprometo que amanhã eu vou dar esse tempo pra você".

CHECK LIST PARA TER UM AMBIENTE COM AMOR

- Estabeleça as regras do ambiente de trabalho. O que não é tolerável? Faça com quem todos saibam quais são, desde a contratação.
- Faça festa, comemore aniversários, resultados, a volta das férias.
- Procure saber o grau de satisfação de cada um.
- Se notar que alguém não está bem, mostre-se disponível para ajudar, procure levantar o moral da pessoa.
- Alguém precisa faltar por um motivo importante, ouça, entenda, negocie, mostre-se flexível e disponível para encontrar a melhor solução dentro do possível e da realidade do negócio.
- Procure saber quais os sonhos dos seus colaboradores e faça o que for possível para ajudar a realizá-los. Curta a as vitorias de cada um e mostre que, trabalhando juntos, todos chegarão aos seus objetivos.

Princípio 6 – Monitorar para mostrar compromisso

> ***"Confie no Senhor e faça o bem; assim você habitará na terra e desfrutará segurança. Deleite-se no Senhor e ele atenderá aos desejos do seu coração." Salmos 37:3-4***

Você já deve ter ouvido essa frase: delegar é diferente "de largar". Para que um gestor tenha controle sobre a gestão de sua equipe é imprescindível que ele faça o correto monitoramento e avaliação do desempenho de todos. O que não é monitorado, não é mensurado. Portanto, procure por métricas que possam te ajudar a realizar o monitoramento de seu ambiente de trabalho. E, desta forma, identificar pontos de melhorias, antes que eles se tornem um problema grande demais. Eu tenho tudo isso organizado no meu computador, no meu iPad, nas minhas planilhas, no meu fechamento de caixa. Tenho sistemas que me ajudam a ver como tudo está funcionando. Quantas horas cada um fez na semana, quem fez mais, quem fez menos, quem chegou mais cedo e quem saiu mais tarde. É diferente de largar; eu delego, mas eu acompanho. Isso é liderança: ensinar, dar autonomia e acompanhar as pessoas. Hoje em dia, glória a Deus que nós temos essa facilidade com a tecnologia. Se uma pessoa fala que o dia está sendo incrível em termos de vendas, eu tenho como checar. A gente tem que confrontar, levar o trabalho com clareza. Minha equipe trabalha com metas, bonificações e eu trabalho com clareza com eles e com dados. Não é o que eu falo. É o que os números mostram. Então, não tenho essa de vou esconder da minha equipe os números. Se estamos bem, eles sabem; se não estamos bem, eles sabem também, participam.

Outra boa maneira de fazer monitoramento é por meio de reuniões periódicas. O maior valor desses encontros é ter a oportunidade de ouvir seus colaboradores e estar sempre presente para que nada passe despercebido ao seu olhar. Tenho reunião quinzenal com toda equipe. Toda semana faço um vídeo encontro com a equipe de vendas e a equipe de marketing. Na verdade, falo com a equipe de marketing praticamente todos os dias. Aproveito a oportunidade também para compartilhar com eles tudo o que eu aprendo, tudo o que está dando resultado. Levo também ideias para nós testarmos e validarmos. Um ponto importante é que estou sempre aberta para ouvi-los primeiro, porque, às vezes, tenho uma visão de uma coisa, mas quem está ali na frente da batalha todos os dias têm muito mais experiência do que eu. A teoria é importante, mas o que valida é a prática. Então, faço esse acompanhamento mais geral, por área, que faz parte do cotidiano.

Além disso, se eu percebo que um colaborador está diminuindo a produtividade, não está tendo um bom desempenho, vou conversar com ele em particular, chamo para tomar um café, para entender o que está acontecendo. Mantenho o olhar atento ao que está acontecendo, todos os dias.

CHECK LIST PARA MONITORAR COM AMOR

- Delegue, mas não largue o seu negócio. Você precisa saber de tudo o que está acontecendo.
- Invista em tecnologia que ajude a obter informações sobre a equipe, os resultados, os números.
- Faça reuniões por área, a fim de entender como o pessoal está trabalhando, se tem alguma dificuldade, se tem ideias que possam ser testadas no negócio.
- Mesmo ao monitorar, não se coloque na posição de imposição. Compartilhe as regras do jogo e compartilhe os resultados, sejam eles bons ou ruins.
- Se perceber que um funcionário teve uma queda no rendimento, ou está agindo de forma diferente do habitual, chame-o para um café e procure entender o que está acontecendo.

Princípio 7- Reconhecer como forma de gratidão

> ***"Ora, àquele que é poderoso para fazer tudo muito mais abundantemente além daquilo que pedimos ou pensamos, segundo o poder que em nós opera." Efésios 3:20***

Eu tive uma funcionária que chegou do Brasil com 21 anos. Ela nunca tinha trabalhado. Casou e veio morar em Boston. Quando ela veio procurar emprego no restaurante, vi aquela mocinha que parecia uma boneca, rostinho delicado. Vestia uma roupa cor-de-rosa e era tão branquinha que o tom do tecido chegava a refletir no seu rosto. Parecia que era toda cor-de-rosa. Naquele momento, não consegui imaginá-la trabalhando no olho do furacão do restaurante e disse: "Eu não tenho coragem de contratar você, porque você parece uma boneca!" Na mesma hora ela me respondeu: "Pois eu topo fazer qualquer coisa. Por favor, se tiver uma louça para lavar, me dê. Não importa. E o que você tiver de trabalho para eu fazer, eu estou disposta a aprender". Ouvindo aquela resposta, consenti, mas confesso que não botei muita fé. Trouxe a mocinha para a equipe só para ninguém dizer que não dei oportunidade. Olha, nunca estive tão enganada a respeito de uma pessoa! Essa menina me surpreendeu muito. E positivamente. Foi tão bem na louça que vi que não poderia deixá-la ali por muito tempo. Ela podia mais. Coloquei para fazer marmita. Foi tão bem na marmita que a transferi para a chapa. Da chapa, foi para a recepção. E da recepção promovi para gerente. Em apenas dois anos, essa moça novinha passou por todos os setores, executou com excelência todas as funções, independentemente de estar lavando um prato ou gerenciando um restaurante. Trabalhou comigo durante quatro anos e depois foi empreender. É uma mulher de sucesso hoje. Faz maquiagem, tem uma loja de roupa, administra um escritório de limpeza. Tem 27 anos e sempre que a encontro vejo o quanto cresceu e fico feliz por ter, não apenas dado uma oportunidade a ela, mas também ter reconhecido seu potencial para fazer mais.

Como fazer gestão de pessoas, sem promover o reconhecimento? Não tem jeito, não é verdade? Todos nós precisamos de reconhecimento. Reconhecer os esforços e recompensar sua equipe é tão importante para atingir os objetivos desejados. Encare seus objetivos e o reconhecimento por atingi-los como um ciclo em que um depende do outro. Procure formas diferentes de recompensar seus colaboradores e você verá a diferença que o reconhecimento pode fazer na motivação de sua equipe. Reconhecer financeiramente é uma das maneiras. Mas hoje, eu garanto que ninguém fica numa empresa por causa de salário. Você consegue manter alguém dentro da sua empresa quando você traz essa pessoa para perto, quando você cria um relacionamento ou quando ela se sente dona. E eu quero que meus colaboradores se sintam donos! Então, eu trabalho para os meus colaboradores. A empresa está crescendo? Eu conto para eles e reconheço o empenho deles. Existem formas de reconhecimento sem custo algum, com elogios e incentivos.

E o reconhecimento que vem por meio de mais responsabilidade, com um cargo mais alto e salário melhor é a melhor maneira de demonstrar gratidão e cumprir seu papel no mundo, que é o de ajudar as pessoas a atingirem o máximo de sua capacidade. Ainda que elas cresçam tanto que tomem um rumo próprio, você certamente não perdeu como gestor. Porque cumpriu o seu papel mais importante, que é servir as pessoas que trabalham para a sua empresa.

O meu desejo é que todos tenham esse entendimento. Todos que tem um chamado para liderança. Você precisa servir aqueles que estão debaixo da sua liderança e você precisa mostrar, de fato, o valor de cada um deles. Cada um que trabalha com você tem um valor na sua individualidade. Temos que mostrar que nós não somos perfeitos, nós somos imperfeitos e que está tudo certo. Mas precisamos buscar o nosso melhor, fazer o que tem que ser feito todos os dias. Quando nós nos unimos e nos tornamos uma equipe, tudo flui, tudo nasce, tudo funciona para um bem comum. A minha verdadeira vocação é mostrar para as pessoas que elas são únicas.

CHECK LIST PARA RECONHECER COM AMOR

-- Dê oportunidade para as pessoas que demonstram vontade.
- Aumente os desafios e promova quem está fazendo um ótimo trabalho e se mostra capaz de fazer mais.
- Reconheça não apenas financeiramente, mas mostrando a importância da pessoa dentro do time.
- Tenha como missão servir os seus colaboradores, de modo que eles atinjam o seu potencial máximo.

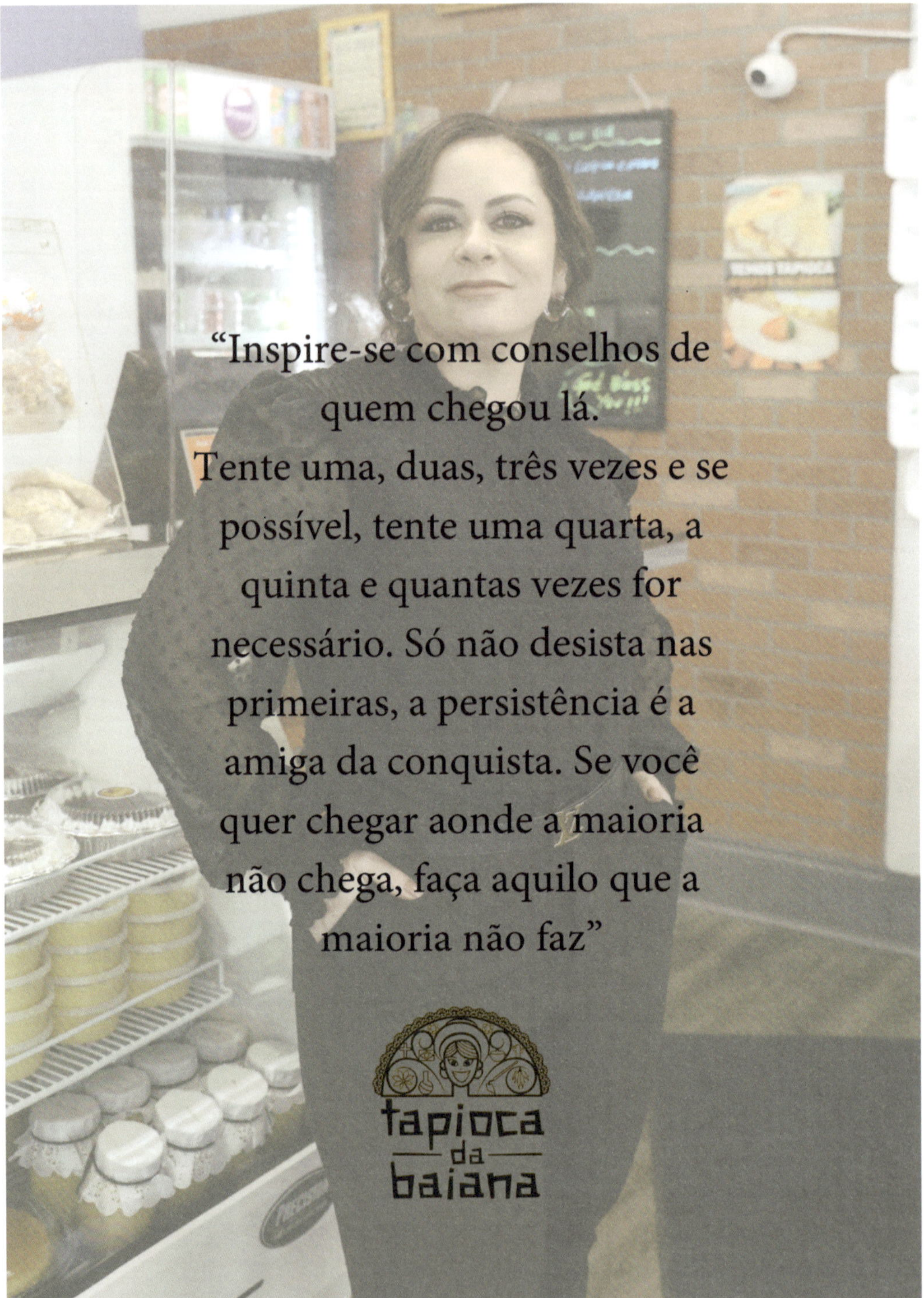
"Inspire-se com conselhos de quem chegou lá.
Tente uma, duas, três vezes e se possível, tente uma quarta, a quinta e quantas vezes for necessário. Só não desista nas primeiras, a persistência é a amiga da conquista. Se você quer chegar aonde a maioria não chega, faça aquilo que a maioria não faz"
tapioca
da
baiana

CAPÍTULO 13

Comece hoje seu compromisso com as pessoas

Uma das maiores experiências que eu tive em treinamento de pessoas foi no início da pandemia. Quando o mês de março de 2020 chegou e o governo anunciou que ia ter o lockdown, eu nunca imaginei– acho que ninguém nunca imaginou passar – por algo assim. Eram dezesseis pessoas trabalhando, dependendo daquele trabalho. Dezesseis famílias. E as contas para pagar, os nossos gastos fixos. Meu Deus, como vai ser? Por quanto tempo isso vai ser?

Num primeiro momento, fiquei paralisada. Fui para casa e desabei, eu chorei. Senhor o que vai ser? O que vai acontecer? No meio do meu desespero, pedi: "Deus me dê uma palavra!" Deus então falou comigo: "Seca as suas lágrimas, volta lá e fala para todos os seus colaboradores que eles podem contar com você. Se eles tiverem que sair das casas deles, é você que vai alimentar todos eles. Diga que eles podem vir ficar na sua casa e que você vai ser o suporte para eles, mas você precisa fazer com que eles fiquem calmos. Eu continuo no controle. Fique em paz e passe essa tranquilidade para eles." Então, engoli o choro, bebi um copo de água e voltei. Reuni a equipe e falei para eles: "Vamos orar, Deus me deu uma palavra". E foi o tempo mais lindo que nós vivemos em Deus, o período mais lindo. Nós não precisamos fechar, porque já funcionávamos com *delivery* e *take out* e a equipe já estava toda treinada, desde que implementei esses serviços depois do curso que fiz na Florida.

Era inverno, neve na porta, e minha equipe estava toda preparada, todo mundo preparado. Nós sofremos com o impacto das perdas, com as dificuldades emocionais de amigos e algumas pessoas que se foram, mas Deus tinha me dado uma palavra que nós seriamos guardados. Foi um período em que tivemos a oportunidade de servir hospitais, o posto de bombeiros, policiais que estavam trabalhando, médicos, porque a maioria dos restaurantes tinha fechado e não fazia *delivery*. Eu consegui inclusive dar emprego para algumas pessoas que vieram me pedir, pois o local onde trabalhavam tinha fechado as portas.

Ninguém pegou Covid no primeiro ano, mas em 2021, tive metade da minha equipe contaminada. Ficamos uma semana com o restaurante fechado para não colocar nenhum colaborador ou cliente em risco. Dinheiro recuperamos depois. Primeiro são as pessoas. Deus não tem compromisso com coisas, tem compromisso com pessoas. Se você tem compromisso com pessoas, Ele te abençoa com dinheiro.

CAPÍTULO 14

Para Deus não há limites

Em paralelo ao trabalho no restaurante, começou a surgir uma demanda muito grande para a tapioca em outros estados. Vendo que havia uma oportunidade de expansão, comecei a luta para conseguir a licença para distribuir a tapioca para outras cidades. Trabalhamos muito nisso e, em 2022, conseguimos entrar como fornecedores de uma das maiores redes de supermercado americana. A Tapioca da Baiana ia chegar até o Canadá. Foi também em 2022 que fo-mos premiados pelo *board* da nossa cidade, Freminghan, como a empresa alimentícia destaque do ano.

Quando a gente trabalha conforme Deus deseja, nós nunca terminamos, nós nunca paramos de crescer. Sou uma pessoa, uma empreendedora que não pode viver sem a Bíblia. A Bíblia é o meu livro de relacionamento, é a base da minha conquista. Quando você olha para a palavra e vê os grandes homens que passaram pela Terra e fizeram história, conclui que todos eles se deixaram trabalhar por Deus. Moisés foi assim, Davi foi assim, Paulo foi assim. Por que eu, Verônica, uma simples mortal– vamos dizer assim– vou ter o orgulho, a arrogância de não me deixar ser trabalhada por Deus? Sou essa pessoa que me deixo ser moldada, disciplinada. Eu não posso mudar o mundo, eu não posso mudar as pessoas, mas eu posso mudar o ambiente que eu estou, eu posso mudar a minha casa, eu posso mudar a Verônica, eu posso mudar o ambiente de trabalho e é essa a minha forma de mudar o mundo. Se você mudar você, você já está mudando o mundo, porque muitas pessoas vão ser influenciadas.

Então, só comece. Você vai aprendendo, você vai se sobressaindo e Deus vai levando você a outros lugares muito maiores.

Permita-se viver os seus sonhos e coloque-os nas mãos de Deus. Sonhar é necessário para a realização. Albert Einstein disse: "A imaginação é mais importante que o conhecimento". O poder de sonhar é o que move nosso coração e nossas realizações. Não permita que ninguém mate seus sonhos. Se alguém tentar lhe desanimar, diga: "Você não precisa acreditar nos meus sonhos, mas, por favor, não os enterre". Isso é o suficiente para continuar seguindo e desafiando-se, dia após dia.

As nossas dificuldades diárias atuam como bandidos que tomam os nossos sonhos, fazendo com que nos esqueçamos do objetivo e isso nos leva a focar muito mais nas perdas do que aquilo que nos motivou chegar até aqui. Quando somos movidos por nossos sonhos ficamos firmes no objetivo e as tempestades do percurso não conseguem nos paralisar.

Siga em frente, com fé, cuidando das pessoas, colocando amor no que fizer e Deus não terá limites nas bençãos que cairão sobre você.

"A lição é a seguinte: nunca desista, nunca, nunca, nunca. Em nada, grande ou pequeno, importante ou não, nunca desista. Nunca se renda à força, nunca se renda ao poder aparentemente esmagador do inimigo "

Belo Campo Bahia

Veronica Oliveira

Quando tudo começou

tapioca da baiana

1000 tapiocas

Vero Oliveira | Empreendedora
verotapiocadabaiana

Esse dia te trabalhei de **6:00 da manhã até meia noite.**
Estava Grávida fiz mais de 1.000 tapioca
e foi aqui que descobri que **não era só uma tapioca.**
era a TAPIOCA.

tapioca da baiana

Jornada de Sucesso

NUTRIÇÃO

A tapioca do Brasil para o mundo

De origem indígena tupi-guaran, a TAPIOCA, era produzida sob o sistema da agricultura de subsistência, foi à base da alimentação do Brasil até a chegada de Pedro Álvares Cabral.
Após os primeiros anos do descobrimento, os colonizadores portugueses descobriram que a tapioca servia como bom substituto para o pão. A tapioca é feita com a fécula extraída da mandioca, também conhecida como goma da tapioca, polvilho, goma seca, polvilho doce.
Tudo isso serviu para transformar a tapioca, hoje, num dos mais tradicionais símbolos da culinária brasileira, por quase todo o nordeste e norte. E vem ganhando cada vez mais espaço nas demais regiões do Brasil, servindo de opção para café da manhã e lanches intermediários de muitas pessoas que querem perder peso.
Versátil e fácil de fazer, pode ser preparada com diferentes recheios, deixando-a mais nutritiva.

VALOR NUTRICIONAL
Uma porção de 50 gramas da massa possui:
- 68 calorias
- 1,6 gramas de proteínas
- 14 gramas de carboidrato
- Contém vitamina B1, B6, B9, cálcio, teor de sódio baixo.

A Nutricionista Adriana Tavolaro, cita alguns motivos para ingerir a TAPIOCA.

* Não contém glúten
A tapioca não possui a gliadina, uma proteína presente no glúten que colabora para o aumento da inflamação do organismo. A gliadina esta presente em cereais como trigo, centeio, cevada e aveia.

* Substitui o pão branco
O alimento pode ser consumido todos os dias, sem contraindicações. Vale lembrar que o pão branco é proveniente de uma farinha refinada, pobre em nutrientes (vitaminas e minerais). O pão, por conter trigo em sua preparação não deve ser consumidos por indivíduos que apresentam alergia ao glúten. A tapioca não tem glúten, pode ser consumida por pessoas portadoras de doença celíaca.

* Amiga da dieta
Pouco calórica, a tapioca é uma opção saudável quando combinada a recheios e acompanhamentos saudáveis como: ovo mexido, pasta de húmus com páprica e um fio de azeite com orégano, geleia de frutas, antepastos, queijos brancos, frutas, legumes e etc.

* Prática e versátil
A tapioca pode ser preparada em formato de panqueca e até pizza. Para uma tapioca mais nutritiva recomenda-se o acréscimo de sementes (chia, linhaça, gergelim, girassol), farelos e flocos (amaranto, quinua, aveia, linhaça, etc) à sua preparação.
"A adição dos cereais e das sementes pode agregar um valor nutricional significativo, além de trazer benefícios para a saúde. Por exemplo, a adição de chia, que é rica em vitaminas do complexo B e fibras, auxilia no controle do índice glicêmico, proporciona saciedade, melhora do transito intestinal, auxilia no controle de colesterol e possui substâncias antiflamátorias", afirma.
Em Marlborough, Framingham, Hudson, Worcester, Boston e regiões contamos, com a famosa Tapioca da Baiana, conhecida por seu atendimento superior, seu produto de altíssima qualidade, esta sempre marcando presença em feiras comuns de bazares, cada vez mais se destacando entre a comunidade brasileira e Americana que buscam uma alimentação mais saudável os amantes da nova culinária ja podem ficar felizes por encontrarem em Massachusetts a tão querida Tapioca.

Adriana Tavolaro

tapioca da baiana

g1 BAHIA

Brasileira que ficou milionária ao vender tapioca nos EUA ganha prêmio por empresa alimentícia: 'Misto de emoções'

Em conversa ao g1, Verônica Oliveira conto
que alegria e gratidão a definem no mome

Por g1 BA

22/10/2022 07h00 · Atualizado há 9 horas

Jornada de Sucesso

NOSSA GENTE

15 years DESDE 2007

assureline INSURANCE

MAIS DE 10 ANOS CUIDANDO DE VOCÊ E DA SUA FAMÍLIA NOS ESTADOS UNIDOS

SEGUROS: SAÚDE · RESIDENCIAL · VIAGEM · CARRO · MEDICARE · VIDA · SAIBA MAIS

NOSSA GENTE QUE FAZ

BAIANA INICIA NEGÓCIO COM APENAS 30 DÓLARES...

Baiana inicia negócio com apenas 30 dólares e fica milionária vendendo tapioca nos EUA

WALTHER ALVARENGA 8 HOURS AGO

tapioca da baiana

Jornada de Sucesso

Verônica Oliveira: trajetória de sucesso da empresária é destaque em reportagem de TV

A **trajetória imigrante e empreende-dora de sucesso** da empresária baiana, **Verônica Oliveira**, CEO da marca *Ta-pioca da Baiana* e do restaurante **BR Takeout** (localizado em **Framingham - MA**), foi contada no último domingo (21), em uma reportagem, transmitida em **horário nobre** da **televisão brasi-leira**, pela produção do programa *Do-*

e no restaurante de Verônica para co tar um pouco da sua **história de suc so como empreendedora nos EUA**. você não assistiu, acesse a reportag

Tapioca da Baiana

tapioca
da
baiana

Jornada de Sucesso

tapioca
da
baiana

VERONICA OLIVEIRA
EMPRESÁRIA
@VEROTAPIOCADABAIANA
@VEROTAPIOCADABAIANA
GLUTEN-FREE
Tapioca
Flour Hydrated
Gluten-Free | Sugar Free | No Preservatives
Keep Refrigerated
READY TO EAT IN 2 MINUTES
EXCELLENT BREAD SUBSTITUTE